JN437325

중화문화 스케치

— 중국문화 입문 —

주숙하 저

숭실대학교 출판부

목 차

1. 중국의 지리적 특징

1.1 중국의 영토면적

중국 사람들은 자기 나라의 방대한 영토와 자원에 대하여 늘 '지대물박地大物博'이라는 표현을 하는데 이는 땅이 넓고 산물이 풍부하다는 뜻입니다.

통계수치와 관련된 중국 땅의 정확한 크기에 대해서는 아직도 의견이 분분한 면도 있지만 일반적으로는 중국은 아시아 동쪽과 태평양 서안에 위치하여 육지면적은 대략 960만㎢이며 러시아, 캐나다와 미국 다음으로 세계 4위를 차지하고 있습니다.

사실 현재 중국영토면적의 공식적인 수치인 960만㎢는 단지 약수일 뿐입니다. 1998년 6월26일 고시된 <중화인민공화국 전속 경제구 및 대륙가법 中華人民共和國專屬經濟區和大陸架法>에서 영해, 인접한 구역毗連區, 전속경제구專屬經濟區와 대륙붕(continental shelf) 모두를 포함한 해역海域을 해양 200해리 앞까지 확장하였습니다. 5월29일 <중국해양사업의 발전> 백서에서 처음으로 960만㎢라는 수치를 육지국토면적으로 인정하고 있습니다.

그러나 미국중앙정보국(Central Intelligence Agency, 약칭은 CIA)의 수치에 따르면 중국의 9,596,960㎢를 '실제 통제 가능한 면적'이라고 지적하여 티베트 남부지역에 위치한 아루나찰프라데시주(Arunachal Pradesh)와 아직까지 분쟁중인 지역, 예를 들면 야르칸드와 Aksai Chin은 포함하지 않고 있습니다. 만약 중국이 티베트 남부 영토를 모두 접수하게 된다면 중국국토면적은 967~968만㎢에 달할 예정입니다. 티베트 남부지역의 6.7만~9.2만㎢라는 면적수치는 논쟁의 여지가 많기에 비교적 믿을 만한 수치는 7~8만㎢라 할 수 있습니다.

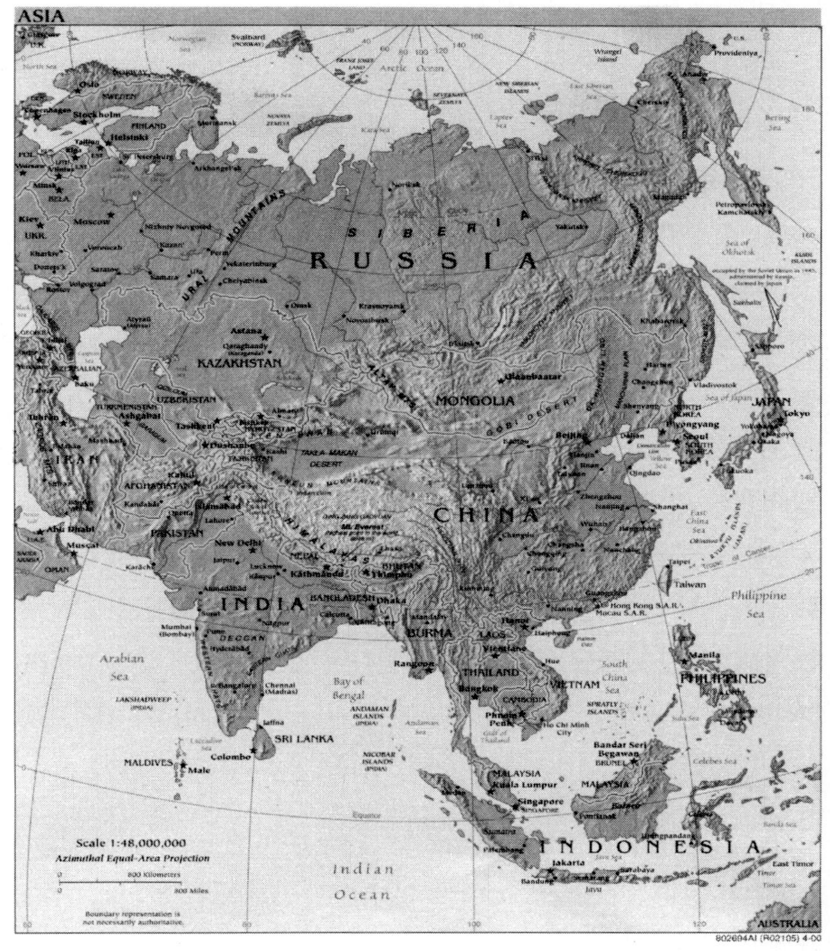

1.2 중국영토 동서남북의 끝 지점

중국대륙의 구조는 유라시아 대륙판이 동쪽 또는 남쪽으로 이동 중에 태평양과 접촉하여 생긴 것입니다. 중국 남서부는 북쪽으로 이동하는 인도양 판과 접촉한 것으로 보입니다. 중국은 지형학적으로 크게 동부와 서부로 나뉘는데, 두 지형 모두 지질구조는 과거 지질환경과 지각구조운동이 다양하게 나타난 결과입니다. 중국의 육지면적은 지구육지 총면적의 $\frac{1}{15}$이고, 아시아의 $\frac{1}{4}$을 차지하고 있습니다. 세계적으로는 러시아, 캐나다, 미국에 이어 세계 4위이며 면적이 불과 22만㎢인 한반도의 약 44배 정도이고, 남한면적의 약 97배가 됩니다.

중국의 영토구역은 동서로 60여도 5시구를 거쳐 약 5,200km이며 남북으로 50도 가까이 약 5,500km에 달합니다. 중국의 동쪽 끝은 흑룡강黑龍江과 오소리강烏蘇里江이 만나는 곳이고, 서쪽 끝은 신강新疆 위구르 자치구의 파미르 고원입니다. 동서 거리는 약 5,000km, 경도 차이는 약 62도가 되어 경도 15도마다 1시간의 시차가 생기므로, 중국의 동쪽과 서쪽 사이에는 5개 시간대를 뛰어넘게 됩니다. 중국영토 북쪽 끝은 북위 53도의 흑룡강성黑龍江省 막하漠河이고 남쪽 끝은 북위 4도인 남사군도의 증모암사입니다. 중국의 북단과 남단 사이의 위도차이는 약 50도 정도이고, 그 거리는 약 5,000km에 이릅니다.

중국의 시간대(時區, Time zones)

중국의 국경은 5개 시간대를 뛰어넘는데 현재 중국대륙의 표준시간은 북경시간이라 말하며 그리니치 표준시(Greenwich Mean Time, GMT)보다 8시간 많습니다. 대만의 표준시간은 국가표준시간, 타이베이시간, 혹 대만시간이라고 하며, 홍콩의 표준시간은 홍콩시간, 마카오澳門 표준시간은 마카오표준시간이라 합니다.

특이하게 북경시간은 동경 116도인 북경北京에서 정해지는 것이 아니라 동경 120도인 중국영토의 중심지점인 섬서성陝西省 임동臨潼의 중국과학원中國科學院 국가수시중심國家授時中心(Chinese Academy of Sciences National Time Service Center, NTSC)에서 확정한 것입니다.

현재 중국은 북경시간을 표준으로 삼기 때문에, 수치적으로는 중국 전역이 동일한 시간을 사용하고 있습니다. 따라서 전체 중국은 같은 시간대의 사용으로 중국의 시간대는 상당히 넓습니다. 중국 서부지역 끝에 태양 위치가 가장 높은 시간은 오후 3시이며, 중국 동쪽 끝에는 오전 11시가 됩니다.

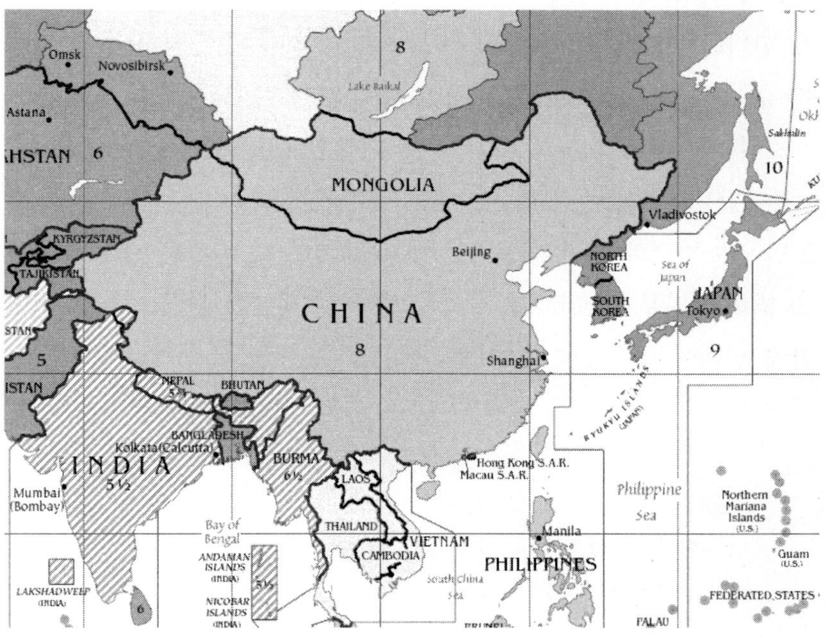

1.3 중국의 남북 분계선

중국 남북분계선은 진령秦嶺과, 남방의 장강長江(양자강)과 북방의 황하黃河 사이를 흐르는 회하淮河입니다. 이 남북분계선은 중국대륙을 가르는 중요한 경계가 되는데, 남방과 북방의 기후 차이, 농업생산물의 차이, 남방인과 북방인의 문화적인 차이가 여기에서 생겨나게 됩니다. 결국 지리적인 요인이 풍속습관이나 문화적 요소를 지배할 수 있다는 점을 보여주고 있습니다.

진령은 산세가 험해서 중국 당唐 나라의 유명한 시인 이백李白의 <촉도난蜀道難>은 바로 진령의 산길을 묘사하는 시편입니다. <촉도난>은 지금의 四川省 일대인 옛 촉蜀 땅으로 통하는 길의 험난함을 노래한 악부시樂府詩로 이백은 인생살이의 험난함을 촉도의 험난함에 빗대어 반복하여 보여주었습니다.

"…

촉도의 험난함이여, 에 오르기보다 어렵구나.
(蜀道之難難於上靑天)
말만 들어도 홍안(紅顔)이 시들고,
(使人聽此凋朱顔)
잇닿은 봉우리와 하늘 사이는 한 자도 안 되네.
(連峰去天不盈尺)
마른 소나무는 절벽에 거꾸로 매달려 있고,
(枯松倒掛倚絶壁)
나는 듯 흐르는 여울과 쏟아져 내리는 폭포수가 다투어 소란한데,
(飛湍瀑流爭喧豗)
벼랑을 치고 돌을 굴려 골짜기마다 우레소리 가득하구나.
(砯崖轉石萬壑雷)
그 험준함이 이러하거늘,

(其險也如此)
아아, 그대 먼 길손이여, 어이하여 왔는고!
(嗟爾遠道之人胡爲乎來哉！)
검각(劍閣)이 가파르고 우뚝하니,
(劍閣崢嶸而崔嵬)
한 사람이 막아서면 만 사람도 뚫지 못하리
(一夫當關, 萬夫莫開)
….″ 李白, ≪蜀道難≫

일부당관 만부막개(一夫當關, 萬夫莫開)란 '한 사람이 관문을 지키면 만 사람이 와도 뚫지 못한다'라는 뜻으로, 수비하기는 쉽고 공격하기는 어려운 험한 지세를 비유하는 고사성어가 되었습니다. 이는 모두 지세가 매우 험하여 수비하기는 쉬운 반면에 공격하기는 어려운 요충지를 비유하는 말입니다. 한국에서는 철령(의 옛 이름)이 봉우리가 높고 험하며 골짜기가 깊어 예로부터 대표적인 일부당관 만부막개의 지형으로 꼽히고 있습니다.

진령은 동서로 이어진 산맥인데 서쪽은 감숙성에 있고 동쪽은 하남성 서부에 있으며 길이 약 1,500km로 남북의 평균 폭은 200km에 달합니다. 진령도 장강유역과 황하유역의 분수령이며 최고 봉오리인 태백산의 높이는 3763.2m로 중국대륙 동쪽의 '군봉지관群峰之冠'이라 하여 산봉우리 중의 산봉우리라 불리어집니다. 진령은 풍부한 동식물 자원을 갖고 있으며 세계적으로 희귀한 생물, 예를 들면 자이언트 팬다(giant panda, Ailuropoda melanoleuca), 들창코원숭이(Rhinopithecus rozellanae), 타킨(Takin, Budorcas taxicolor), 유솔(Pinus tabuliformis)등이 있습니다.

진령도 중국 남북기후의 분계선이며 진령 이남은 아열대몬순기후이고 가장 추운 월평균온도가 0도 이상이 됩니다. 진령 이북은 온대

몬순기후인데 가장 추운 월평균온도가 0도 이하로 이 양 측의 기후 차이는 농작물에까지 많은 영향을 미치고 있습니다.

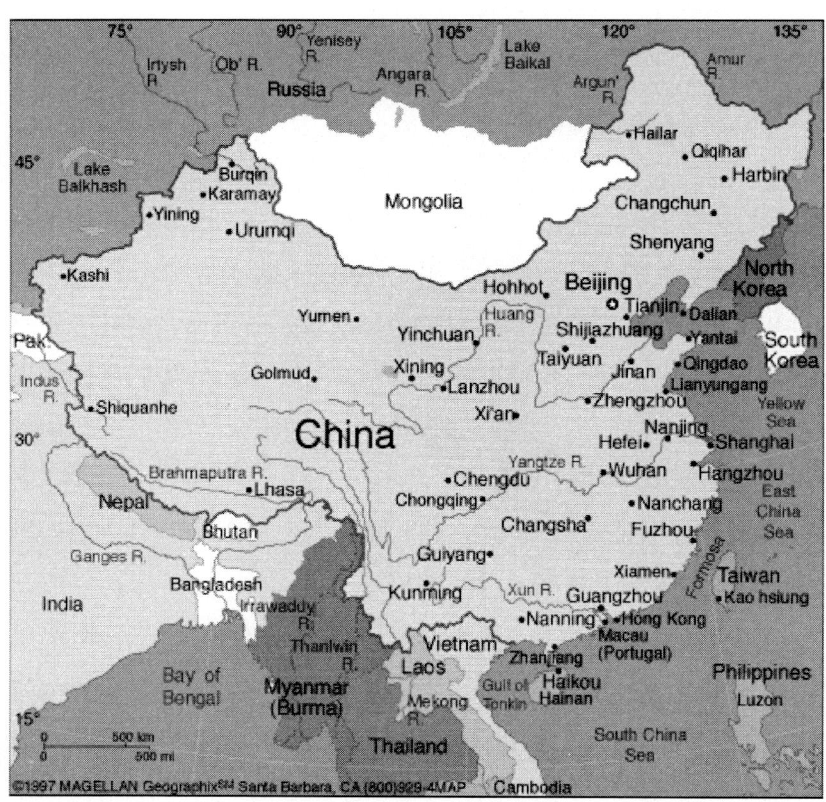

2. 중국인의 '천하관'

2.1 중국인의 '천하관'이란 무엇인가?

천하天下는 동아시아민족이 세계를 바라보는 특유한 개념으로 문자의 표면상 뜻으로 '보천지하普天之下', 즉 '넓은 하늘 아래'라는 뜻이며 지리적, 공간적 제한 없는 어떠한 지리 개념을 묘사하는 것입니다. 천하의 개념은 일정한 질서원리에 따라 특정 지역, 백성, 국가의 세계관이 되어 백성들이 세계관에 대하여 명확하게 알지 못하더라도 천하의 개념은 그 질서에 의하여 존재하고 작용하고 있습니다.

중국의 천하관은 특정한 보편적인 질서 원칙 하에서 지배되는 공간에 중국 황조의 황제가 주재하는 것을 가리킵니다. 천하의 중심에 있는 중국 황조에게 직접 지배를 받는 지역은 '하夏', '화華', '중하中夏', '중화中華', '중국中國' 등으로 칭하며 주변의 '사방四方', '이夷' 등의 지역과는 구별됩니다. 만약 주변의 지역이 중국황제가 주재하는 질서원칙을 저항 없이 받아들인다면 인정을 받게 되고 자연스럽게 수용되어 중국중심주의中國中心主義로 이어지기에 이러한 것을 중화사상中華思想 또는 화이사상華夷思想이라고도 부릅니다. 중국이 세계의 중심이라고 생각하는 개념은 고대 중국의 세계관으로 근대에 이르러 이러한 사상 역시 많은 민족들이 갖고 있는 종족주의의 표현이라 여겨집니다.

정치면에서 중국 중심주의는 중국 역대왕조 대외관계의 핵심이며 한족이 사는 구역이 세계의 중심이고 그 외의 민족은 '화외지민化外之民'이라 하여 교화 은택이 미치지 못하는 곳이라고 말하였습니다. 혹 '만이蠻夷'라고도 불렀던 만이는 역사상 사이四夷'(네 종류의 변방 오랑캐), 즉 동이東夷, 남만南蠻, 서융西戎, 북적北狄으로도 불렀습니다.

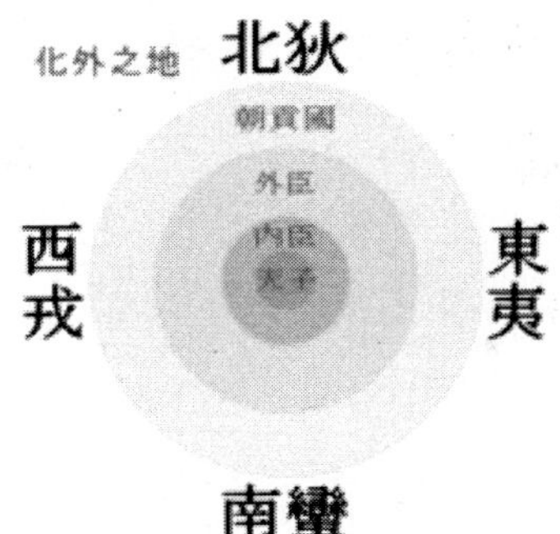

한 대의 화이사상 개념도

한대의 화이사상 한대의 화이사상에 근거한 천하의 개념도입니다. 시대와 국가에 따라 천하의 개념도 변화되고 정의도 달라집니다. 그림을 보면 가장 중심 부분은 화하의 영역으로 그 지역 군주君主 내지 일반 백성들까지 모두 한漢 나라의 예의와 법제를 따릅니다. 그 밖에 부분은 한나라의 영향력이 미칠 수 있는 외신과 조공국의 영역으로 소위 외신은 한나라에 신복하는 이적의 군주들을 가리키며 외신의 국가는 단지 한나라의 예의와 법제를 따라야 합니다. 한나라의 덕이 미치지 못하는 곳과 그 밖의 곳은 화외(교화 · 은택이 미치지 못하는 지역)의 영역으로 외신, 조공국, 화외는 기본적으로 모두 이(오랑캐)의 영역에 속하여 있습니다. 천하의 개념은 바로 이러한 동심원의 형태로 이루어져 있습니다.

중국의 황제는 천자天子이며 중국의 황조는 천조天朝, 다른 민족과 중국의 관계는 공국貢國인 중국과 속국屬國인 이민족의 관계로 속국의 수령은 황제라 불러서는 안 되고 단지 왕이라 칭할 수 있습니다.

동아시아역사상 중국은 동아시아 국가들과의 외교관계 속에서 그 통치지위를 도전 받은 예가 거의 없습니다. 중국의 통치지위는 청나라말기에 이르러 점차 쇠락해져 갔고 결국 서방국가의 평등개념이 고개를 들면서 통치지위를 대신하게 되었습니다.

일부 동아시아국가의 민족성 형성과정에서 중국과의 관계는 중요한 지위를 차지합니다. 일본 만 원짜리 지폐에 있는 성덕태자(しょう

とく たいし)가 수양제隋煬帝에게 쓴 편지에서 '일출지처천자, 치일락지처천자, 무양. 日出之處天子, 致日落之處天子, 無恙', 즉 '해가 뜬 곳의 천자가 해가 진 곳의 천자에게, 건강을 바란다'는 것으로 이 글이 바로 일본 국명의 기원이 되었습니다.

중국에 천 년을 거쳐 통치 당했던 월남越南의 이름은 중국어의 남월南越에서 기원하여 중국남부의 지리관계로 명명된 것입니다.

중화민족의 오랜 역사 속에 깃든 중국 중심주의는 주변국가와 민족들에게 거대한 영향을 미쳤습니다. 특히 문화의 측면에서 중국은 다른 국가와 민족의 문화를 중국보다 낮다고 하여 그들의 문화가치를 인정하지 않았음을 많은 저술에서 흔히 볼 수 있습니다. 예들 들면, 청나라 때 임칙서林則徐와 위원魏源은 '사이장기이제이師夷長技以制夷', 서양의 기술인 기선이나 대포의 제작기술에 의존해 서양에게 통제 당한다 하여 사람들을 '대역부도大逆不道', '숭양미외崇洋媚外', 즉 서양을 숭배하고 외국에 아첨 한다고 하며 폄하하였습니다.

2.2 중국 천하관의 배경과 발전

중국 상商나라 시대에는 '천하'로 된 세계관이 형성되지 않았습니다. '천하'라는 개념의 싹은 주周나라 '천天'의 인격화된 개념이라고 여겼고 '사방四方','만방萬邦'의 용어도 천하개념에서 기원한 것입니다. 소위 '사방'은 중국의 중심을 통치한 주나라 왕을 둘러싸고 있었던 민족을 가리킵니다. 소위 '만방'은 백성과 영토의 관계를 지칭하며 이민족의 백성은 화하華夏 백성에 속하고 화화의 영토 가운데에서도 이민족의 땅을 포함합니다. 주나라의 왕은 천명에 근거하여 이

'만방'을 받아드리고 인정하는 형식을 취합니다.

주나라 후기, 즉 춘추전국시대 주나라의 봉건 제후들은 밖으로 세를 확장시키며 국내와 주변지역을 그들의 정치적 지배력에 포함시켰습니다. 동시에 이민족은 주나라를 중심으로 한 제후국가가 되었습니다. 많은 봉건제후 국가들의 경제권이 형성되면서 황하유역을 중심으로 한 '중국'의 개념도 함께 확대 되었으며 이에 맞춰 ≪좌전左傳≫과 ≪국어國語≫등 역사서적은 마침내 '천하' 라는 단어를 사용하기 시작하였습니다. 주나라와 진秦나라가 지배하는 영역이 정해지면서 현실정치세계와 대응하는 지리적 개념 '천하'도 명확하게 발전하였습니다. 진 나라의 통일을 '천하의 통일'이라고 여기며 중국의 소위 '통일천하'는 바로 중국의 확대를 의미합니다. 한漢나라 건립 이후 '중국이 바로 천하'라는 개념은 현실적인 책봉冊封 관계에 영향을 받으면서 변화하였습니다. 책봉제도 하에서 주변 여러 민족을 포함한 '천하'개념이 형성된 것입니다. 책봉이란 한 국가와 다른 국가 간의 군신관계를 체결하는 것이며 이 관계에 근거하여 주변국가의 통치자가 통치하는 지역은 중국 황제가 주재하는 질서원칙을 받아들임을 의미합니다.

남북조시대南北朝時代에는 중국 내부에서 동시에 여러 황제가 나타나 천하의 정치는 분열된 상태였지만 당 나라 때 당 태종은 북방 유목민족에게서 '천가한天可汗'이라고 불리었던 시대도 있었습니다. 송 대에 이르러 북방에 요, 금, 서하 등의 강력한 왕조가 나타나 송나라를 압박하여 북방의 제국과 '형제'의 관계를 맺었습니다. 예를 들면 송은 형이고 요는 아우라는 형식의 외교관계였습니다. 같은 시기에 고려 등의 속국들은 두 왕조 모두에게 신복하는 형식을 취하여 표면적으로 천하는 양분되었습니다. 전무후무한 활약을 펼친 몽고인은 중국을 통일시켜 원나라를 세웠지만 원나라는 그들만의 천하관을 가지고 정치적으로는 남송南宋 백성과 강남 인사들을 지칭하는 남인南人과, 금나라 백성과 화북인사들을 지칭하는 한인 漢人으로 나누었습니다.

명나라의 천하관은 진한제국의 관념과 유사하였으며 다만 영토의 확장에 대한 관심이 추가되었습니다. 명말 성리학의 논리인 '수신修身, 제가齊家, 치국治國, 평천하平天下.' ≪대학大學≫의 사상에 대한 비평과 함께 유교사상도 변화하였습니다. 명나라 말 청나라 초기에 왕부지王夫之는 ≪대학≫에서 높이 평가한 '평천하平天下'사상을 단지 국가통치에 대한 서술에 불과하고 천하 개념의 차원에 맞지 않는다며 성리학을 비판하였습니다. 한편으로는 명나라의 멸망 후 원래 이적夷狄으로 취급 받았던 청조 당시에도 '천하'개념은 큰 영향을 주었습니다. 고염무顧炎武는 '망국亡國'은 '망천하亡天下'와 같지 않다고 하여 이적夷狄인 청조淸朝가 황제국이 되었더라도 중화문명의 천하는 계속 유지할 수 있다고 제기하였습니다.

중국황제가 주재한 화이질서 개념과 조공국朝貢國을 책봉해서 외교관계를 유지하는 천하관념은 1793년 영국 외교사절 George Macartney가 중국으로 파견된 이후 변화하기 시작하였습니다. George Macartney는 유럽의 외교적 주권평등주의에 따라 청조와 무역조약을 체결하고 싶었으나 청조의 건륭乾隆 황제는 중국이 '지대물박地大物博'의 지위에 있다는 이유로 영국의 요구를 거절하였습니다. 건륭제의 생각에는 중국은 천조天朝이므로 외국의 상품이 없어도 자급자족 능력이 있고 평등무역의 기본조건은 전혀 맞지도 않는다고 여겼습니다. 19세기에 들어서면서 아편전쟁이 발발하여 전쟁에 패배한 청조는 영국 등의 나라와 일방적인 불평등조약을 체결하게 되었습니다.

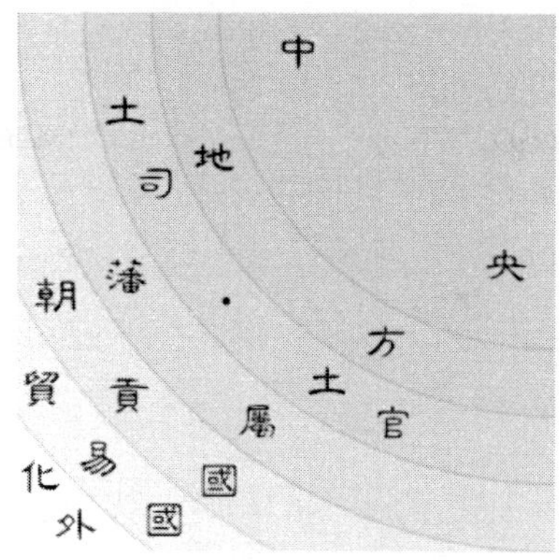

청대의 화이사상인 '천하도'

청대의 화이사상 한대의 '천하도'와 비교하면 현실적인 정치세계가 다양하게 변하였지만 중앙을 중심으로 하는 동심원의 구조는 여전히 변하지 않았습니다. 소위 '무역국貿易國'은 중화제국과의 정치적 상호작용이 많지 않아 단지 순수한 교역관계만을 맺은 국가입니다. 조공국朝貢國은 청조의 종주권을 인정하는 국가이며 정기적으로 중앙에 조공을 합니다. 한대와 달리 청대의 조공국은 청조의 책봉을 받은 신하가 되어 청나라에 복종합니다. 번속藩屬은 이번원을 관리하고 있는 이민족의 지배영역입니다. 토사土司와 토관土官은 관청에 위임된 소수민족의 지방 관리이며 간접적으로 소수민족을 통치하는 직위로 이들은 현지 소수민족에게도 인정을 받았으며 한족이 유입된 후에는 동화정책인 개토귀유를 진행하였습니다. 한대의 화이질서 중에서 조공국朝貢國, 번부藩部, 토사土司, 토관土官 등 영역이 대체적으로 외신外臣과 유사합니다. '중앙中央'와 '지방地方'은 중국의 영역에 속해 있습니다. 중국 동북지역의 만주는 명대의 화이사상에서는 중국의 일부분이라고 말할 수 없었고 청대에 이르러
만주는 번속藩屬이 아니라 직접 통치하는 영역이기 때문에 '지방'에 속하였습니다. 유목민족들이 중국황제에게 칭하는 호칭인 '한'이 청조의 군주에게도 인정을 받았으며 청나라의 황제는 그들 위에서 '천하'를 군림君臨 할 수 있었습니다.

그렇지만 청조는 백성들에게 이것은 황제가 각국에 부여하는 은사恩賜라는 형식적 권위를 내세우며 청조는 서구 각국의 위협 속에서도 여전히 '천하'의 개념을 놓치려 하지 않았습니다. 아편전쟁 후에도 청조는 서구와의 외교관계에 대한 적극적 개혁을 단행하지 않아 영

국과 프랑스는 2차 아편전쟁을 일으켜 또 다시 중영천진조약中英天津條約을 체결하게 되었습니다. 그 조약 가운데 영국과 프랑스는 독립적인 '자주국가'로 명백히 기록하고 중국과 동등한 지위가 주어졌습니다. 이에 따라 청조는 예전의 계속적인 '화이질서華夷秩序'로서 서구 각국과 외교 사무를 진행할 수 없었기에 총리아문總理衙門을 설치해서 외교 사무를 처리하기 시작하였습니다. 서구 각국의 주권평등주의에 따른 대등한 근대외교체제의 형성은 여태까지 화이질서에 근거해왔던 중화제국의 외교체제를 서서히 무너뜨리기 시작하였습니다. 중국에서는 중일갑오전쟁中日甲午戰爭, 한국에서는 청일전쟁이라 불리어지는 이 전쟁에서 패한 후 책봉조공을 바탕으로 세운 청조의 외교질서는 결국 마침표를 찍게 되어 천하관념도 영향을 받게 되었습니다.

2.3 조선, 일본, 월남의 천하관에 대하여

중국의 천하개념을 주변 나라에서 완전히 받아드린 것은 아니었습니다. 조선은 역사상 천하의 개념을 거의 쓰지 않았습니다. 조선은 오랜 세월 동안 중국 황조가 천하의 중심이라고 여겨왔으나 일찍이 고려시대에는 독립적인 천하 중심의 개념을 갖고 있었습니다. 그러나 고려 후기에 성리학이 들어오면서부터 명분을 중시하는 입장으로 바뀌어 스스로 천하의 중심이라는 개념을 비판하였습니다. 또한 성리학의 영향으로 '소중화'小中華와 '소화'小華 등의 소중화사상小中華思想이 나타났습니다.

중국에서 유행하였지만 조선에서 이단이라고 생각하는 양명학陽明學의 소중화주의小中華主義는 '청조의 중국지배는 중국이 이적에게 굴복하는 것'이라 여기며 조선이 정통 중화사상의 주류라고 강조하였습니다. 이와 같이 볼 때 조선은 중국을 천하의 중심으로 삼는 것과, 조선을 천하의 중심으로 보는 개념은 늘 함께 존재하였던 것입니다.

조선의 천하개념은 고구려시대부터 시작하였습니다. 고구려는 '중화'라 자칭하고 주변민족들을 이적으로 여겼지만 동시에 '천'天 과 '하'河의 독립적인 신앙형식도 존재하였습니다. 고구려 광개토왕 때 <광개토왕비廣開土王碑>에는 고구려는 자국의 연호 '영락永樂'을 사용하였고 백제와 신라도 각각 '천하'의 개념을 가지고 있었습니다. 중국사상의 영향을 받아 주나라의 봉건국가 '기자箕子조선'의 이야기가 만들어져 유교의 뿌리가 생겨나고 중국의 천하관념으로 조선의 지위가 정하여졌습니다.

고려시대 중엽 불교, 도교, 무격신앙 등의 공존과 동시에 독립적인 천하개념인 단군조선신화도 나타났습니다. 당 태종은 신라가 국내에서 독립적인 연호를 사용했다고 해서 신라를 다그치기도 하였습니다. 이후 신라는 정책을 바꾸어 당나라의 역법인 정삭正朔(예전 중국에서 제왕이 나라를 새롭게 세우면서 제정한 역법의 일종)을 따르기로 하여 당나라의 호감을 사기도 했습니다. 그러나 고려전기에는 중국왕조의 연호와 고려의 독립적인 연호를 바꿔가면서 사용했습니다. 고려왕은 국내에서 스스로 '짐朕'으로 호칭하고, 죽은 후 묘호廟號를 추증 하였으며, 왕의 명령은 '제制'와 '소詔'라 명칭하였습니다. 당시 궁전의 송가頌歌(공덕을 찬미하는 노래) 중 '해동천자海東天子'와 '남만북적자래조南蠻北狄自來朝'라는 글귀와 금석문今石文으로 만든

'황제소왈皇帝詔曰'이라는 조각도 있었습니다. 그리고 천자의 특권인 '사천祀天(하늘에 제사 지내는 일)'을 하였고, 수도인 개성開城은 '황도皇都'라 칭하여 이러한 화이사상에 따라 중국왕조의 황제 이외에는 외국 군주들이 이러한 호칭을 사용하는 것을 절대적으로 금하였습니다. 고려시대 중국의 천하관념은 송과 요, 그리고 송과 금의 대립적 형세 가운데에서 유지 되었고 남조南朝 송宋 나라와 북조北朝 요遼, 금金 등 제국도 모두 중국의 천하개념을 사용하였습니다. 그러나 고려의 이념은 남조와 유사한 경향이 있지만 지리적 경향은 북조에 더 가까운 이유로 고려는 남조와 북조 양쪽의 연호를 동시에 취하면서 남조의 연호를 앞에 붙여 사용했습니다. 당시 송나라는 고려를 '소 중화(작은 중국)'라 하며 좋은 관계를 유지하기도 하였습니다. 그 이후 고려는 왕 스스로를 지칭하는 '짐'이라는 용어와, 묘호(중국에서 죽은 황제를 제사 지낼 때 사용하는 호칭), 제, 소 등의 용어도 폐지하였으며 고려의 왕은 '불곡不穀(곡식보다 못하다는 말로 군왕들이 자신을 낮추는 말)'이라는 말로 대치하는 등 당시의 분위기는 성리학의 명분론을 자연스럽게 따르게 되었습니다.

이씨 조선시대 명나라는 '조선'이라는 국호를 인정하고 수락하였습니다. 이러한 형식으로 얻은 '조선'이라는 국호는 과거 '주나라의 기자조선'과의 관계를 동일시시킨 중화적 천하개념이 되었습니다. 조선의 세종대왕 때 사천祀天의 의식이 있었고, 여진, 일본 등의 나라가 조선에 조공하러 온 것으로 보면 중국과 조선을 위주로 하는 천하관은 동시에 존재한 것을 알 수 있습니다. 명나라 때 성리학을 대치하는 실용적인 학문인 양명학설이 유행하였지만 조선은 오히려 이 사상을 유교의 이단으로 여겼습니다. 청나라 때 조선은 다시금 청나라에 의한 책봉의 형식으로 국가를 인정받았고 지식인들은 명나라

숭정崇禎 연호와 청나라 연호를 함께 사용하였습니다. 명나라가 멸망 후 중국이 이적(오랑캐)인 청조의 통치를 받고 있었기 때문에 조선은 중국이 아닌 조선이 명나라에 이어 중화의 주류를 대신한다는 생각을 가지고 있었습니다. 특히 이씨 조선 네 번째 군주인 세종은 역대 조선왕조의 군주 중 가장 훌륭한 왕으로 중국의 왕도정치를 전개하면서도 훈민정음이라는 새로운 문자를 창시하여 조선의 민족정책을 재정비하였습니다.

일본의 천하개념은 300년에 나타났으며 중국 황조에게 신하의 예로써 따르며 자국 내에서도 스스로 대왕이라 칭하였습니다. 앞에 언급했던 일본 성덕태자가 수隋 양제煬帝에게 직접 쓴 편지 가운데 '일출처천자日出處天子'라 기록했던 것을 보면 일본에서도 계속 중국의 천하관이 함께 존재하고 있었음을 의미합니다. 일본의 '천하'를 통일한 豐臣秀吉(とやとみひでよし)은 중국 명나라와 서구 각국에 통치받는 '천하'에 대항하고자 조선에 출병하여 '임진왜란'을 일으켰는데 이것도 중국의 천하사상에 도전한 또 다른 예라 할 수 있습니다.

월남의 천하개념은 13세기 몽고군대의 패배 이후 나타났습니다. 진조陳朝의 ≪대월사기大越史記≫에는 중국의 진・한秦漢시대를 월남 최초의 정통 왕조라 보고 있습니다. 월남의 천하개념 속의 지역은 광동廣東과 월남 북부에 위치한 남월국南越國을 가리킵니다. 1428년 대월大越이 명나라로부터 독립했을 때, 당시 대표적인 문인이었던 원천阮廌은 '조, 정, 이, 진 등과 마찬가지로 우리나라(대월大越)는 한, 당, 송, 원나라의 황제와 각각의 관계에 있다.'(自趙丁李陳之肇造, 我國與漢唐宋元帝一方)고 묘사하였는데 이와 같은 관점에서 보면 월남 역시 중국의 천하와 병존하고 있었습니다.

이러한 천하관의 바탕 하에서 불교, 도교의 천지신명과 월남의 신명은 동등한 위치로 대외 전쟁이 끝날 때면 늘 월남의 신명을 숭배의 대상으로 삼았습니다. 이 사례는 월남의 천하관이 월남의 천지신명 사상과 함께 융합되어 민족의 신앙으로서 월남의 천하관념을 지지하고 있음을 보여주고 있습니다. 15세기경 천하관의 변화가 시작되었습니다. 남월국이 월남의 정사正史 속에서 점차 사라지고 있었으며 영남嶺南 지방으로 파급된 천하관은 점차 쇠퇴하여 18세기 말 남월국은 월남의 정사 속에서 공식적으로 빠지게 되었습니다. 19세기 원조阮朝를 세운 이후 중국에게는 '월남'이라는 국호로 불렀지만 스스로는 '대남大南'이라 하여 중화세계와 달리 월남만의 독특한 천하관을 형성하였습니다.

3. 중국영토의 변천사

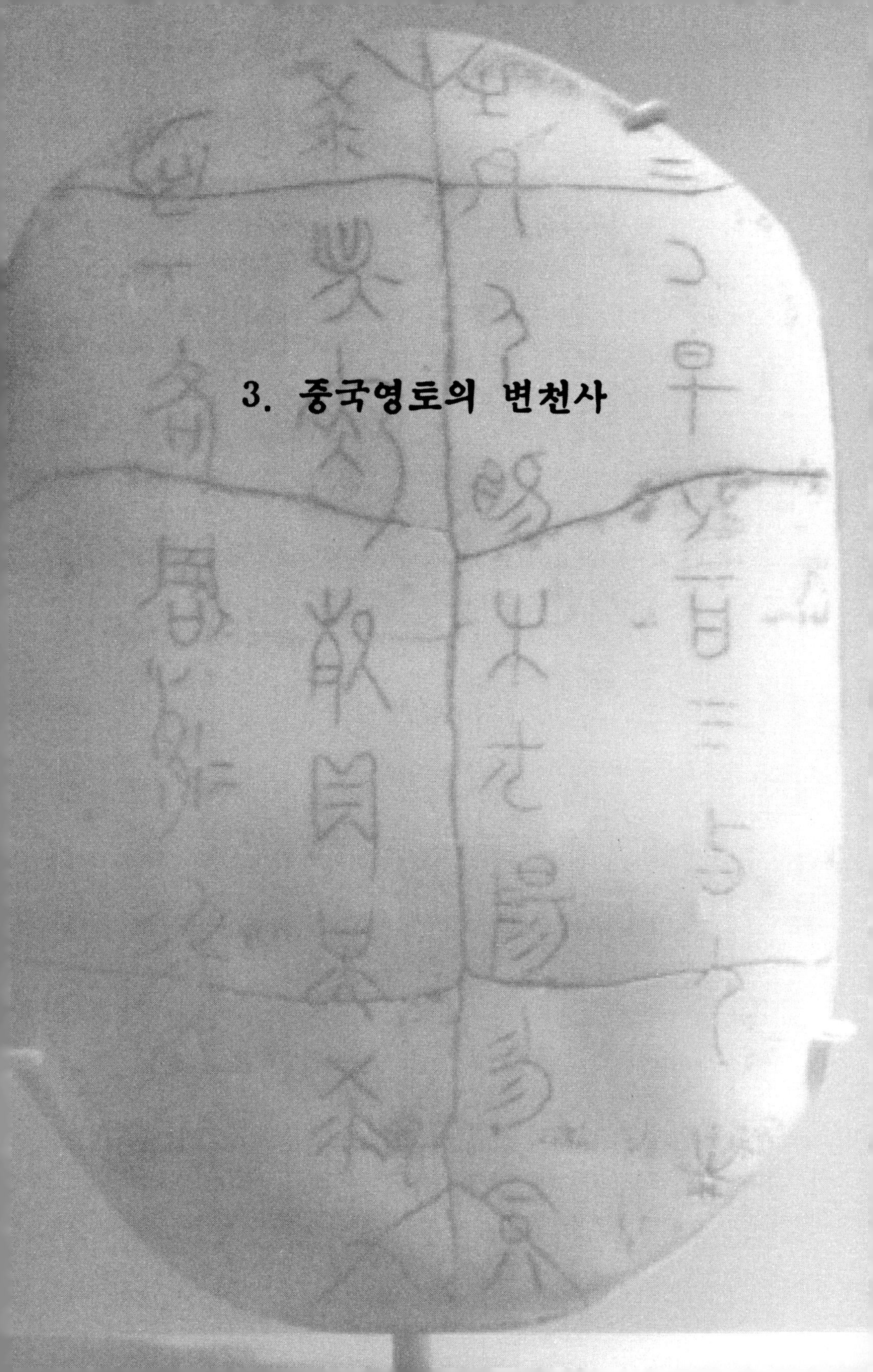

3.1 중국 역대 영토상황

중국강역(영토구역)에 대한 최초의 기록은 전국시대의 ≪우공禹貢≫에 기재되어 있습니다. 이는 전국시대 사람들의 천하관天下觀과 지리관地理觀으로서 당시 중국을 아홉 개의 州로 나눈 구주九州는 중국 최초의 천하관이 싹튼 역사적 의미가 배여 있습니다.

하夏 나라 시대의 역사유적은 많지 않아 하대의 강역은 고증하기가 어렵습니다. 학자인 고힐강顧詰剛의 고증에 따르면 하夏, 상商, 주周 삼대의 중심은 현재의 황하유역 하류 일대의 산동성山東省에 근거하여 그 세력이 현재의 하북성, 하남성에까지 이르렀으며 춘추전국시대에는 사천지역까지 확대되었다고 합니다.

진시황은 중국 역사상 최초의 통일왕조를 세워 강역을 크게 확대하여 진나라 시대에는 전국시대 조, 연, 진 삼국이 축조한 장성을 연결시킨 대공사로 마침내 진나라의 만리장성이 축조되었습니다. 이 밖에도 오자도五尺道를 개척하여 중국 서남지역에까지 그 세를 뻗쳤습니다.

한漢나라 초기에는 북방민족인 흉노족의 잦은 공격으로 영토가 크게 축소되었으나 한 무제 때에는 군사력의 증대로 흉노족을 쫓아내고 북방의 광활한 영토를 다시금 수복하였습니다. 남쪽으로는 해남도를 정복하고, 동북 방향으로는 위만조선을 멸망시킨 후 한 사군을 설치하기도 했습니다.

위진남북조魏晉南北朝 시대 동북지역 민족인 고구려의 세력이 강해지면서 고구려에 밀려 조선반도에서 퇴출당하였습니다. 그 이후 돌궐突厥이 북방의 새로운 패주霸主가 되고 중국은 서역西域의 통치력도 잃게 되어 이에 따라 서남지역의 민족들도 중국에 반기를 들고 연이어 독립하여 중국 영토는 북쪽으로 북위 18도까지 옮겨지는 등 세력의 변화가 생겼습니다.

수隋나라는 짧은 시기 동안 북방과 서남민족을 공략하여 많은 영토를 수복하였고 또한 고구려를 네 차례나 대규모 침공하였지만 아무런 성과도 얻지 못한 채 철군하여, 이런 이유 등이 결국 국내의 분열로 이어져 또 다시 세력이 약화되었습니다. 당나라 초기에는 돌궐을 멸망시켜 북방 대막大漠(고비 사막)의 남과 북의 영토를 점령하여 안서도호부安西督護府와 안북도호부安北督護府를 설치해서 관리를 상주시켰습니다. 당나라는 재차 한반도를 공략하여 백제, 고구려를 멸망시킨 후 안동도호부安東督護府를 설치하였으나 얼마 지나지 않아 신라가 백제, 고구려의 유민들과 합세하여 당나라를 한반도에서 무력으로 밀어내어 당 나라는 다시 요동으로 돌아갈 수밖에 없었습니다. 한편 고구려의 유민을 이끌던 대조영의 발해 건국으로 인해 당나라는 당나라 건국 이후 요동 땅마저도 포기하게 되었습니다.

토번吐蕃은 6세기에 강대해져 티베트를 통일하고 당나라에 필적하는 자리를 차지하였습니다. 안사의 난 安史之亂 이후 당나라의 국력이 약해지자 주변 국가들은 당나라의 영토를 서서히 침범하기 시작하였습니다. 토번은 세력을 점차 확대하면서 중국의 하서주랑河西走廊까지 점령하였으며 8세기 말 토번은 최고 강성기에 들어가 청장고원 뿐만 아니라 신강, 롱산隴山, 사천서부, 네팔, 중앙아시아까지 영토를 늘렸습니다. 763년 토번은 한 때 당나라의 수도 장안까지 점령한 적이 있었습니다. 티베트(토번)와의 수많은 교전과 회담 후 823년 마침내 티베트와 당나라의 국경선이 정해졌습니다. 뿐만 아니라 교주交州(인도차이나 지역의 옛 중국 명)와 토저土著라는 새로운 세력이 일어났습니다. 그 뒤 938년 현재의 베트남 지역에 오吳나라가 세워지면서부터긴 세월 동안 중국에 속해왔던 베트남은 완전히 중국의 통치에서 벗어나게 되었습니다.

당대영토

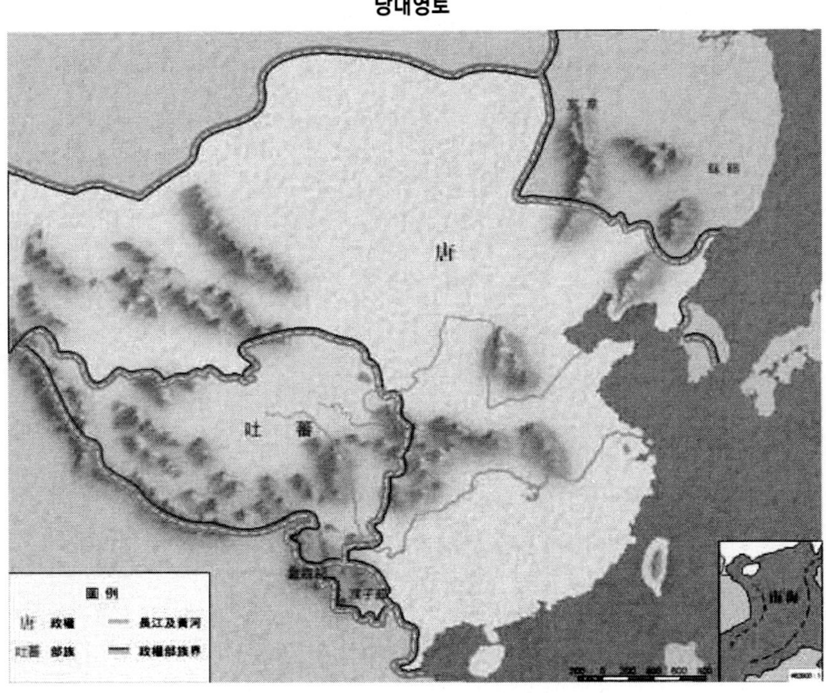

송宋 나라는 안사의 난 이후 200년 동안 분열된 상태의 국가를 통일시켰지만 영토상으로는 별 진전이 없었습니다. 1129년 남송南宋 때 강왕康王의 임시황궁이 '행재行在'라 하는 임안부臨安府로 피신한 이후에 영토는 단지 진령과 회하 이남의 민산岷山으로 축소되었습니다.

인류역사상 가장 넓은 영토를 정복한 몽고제국의 흥기는 1276년 남송의 수도인 임안을 점령한 후 1279년에는 남송을 완전히 멸망시켜 세계적으로 영토가 가장 넓은 대제국을 건설하였습니다.

1368년에는 명나라가 흥기하여 몽고를 멸망시키고 훼손된 만리장성도 보수할 수 있게 되었습니다. 1624년과 1626년에는 각각 스페인과 네덜란드가 대만에 침입하여 1661년까지 네덜란드가 대만을 통치하였습니다. 1553년에는 포르투갈이 마카오에 선박을 정박할 수 있는 권리를 부여 받고 그로부터 4년 후에는 정식 거류권도 취득하였습니다. 청나라 때까지만 해도 마카오는 중국영토 내에서 포르투갈이 직접 통치하는 영역이었습니다. 1636년 청나라가 중국의 주도권을 잡은 이후 영역이 점차 확대되면서 마침내 1644년 오삼계吳三桂가 산해관山海關으로 들어가 이자성의 난을 진압하고 북경을 점령한 것을 계기로 명·청 교체의 시발점이 되었습니다. 1659년 청군은 현재의 운남성으로 들어가 명나라 영력제永曆帝의 미얀마 망명을 저지하였으며, 1683년 청군은 대만으로 들어가 피신해 있던 명나라의 잔존 세력들을 완전히 멸망시켰습니다.

100년 동안 끊임없는 청나라의 정벌을 통한 국토의 확장은 명나라 때 국토면적이 약 353만㎢였던 영토를 청나라 때에는 1,300만㎢에 달하게 만들었습니다. 오랜 세월 동안 중국의 판도 밖에 있었던 티베트, 신강, 몽고, 청해 등의 지역은 다시 중국으로 편입되어 당시의 영토 확장은 오늘날 중국 영토의 기본이 되었습니다.

19세기 중반 이후 청나라의 국력이 날로 약해지면서 서양 제국들의 해외 영토에 대한 야욕은 더욱 고무되어, 이런 영향으로 청나라의 국토는 외세에 의해 차츰 축소되었고 1858년 이후 여타 제국 중 러시아가 중국의 영토를 가장 적극적으로 잠식해 들어갔습니다. 이외에도 포르투갈은 마카오를, 영국은 신계를, 독일은 교주만膠州灣을, 러시아는 여순과 대련을, 프랑스는 광주만을 차례대로 분할하여 각각의 지역은 서양제국의 조계지가 되었습니다. 상해, 천진, 하문, 광주,

중경, 심양, 남경, 소주 등의 많은 도시들 또한 외국 세력들의 조계지가 되었습니다. 비록 신해혁명辛亥革命으로 청조를 무너뜨리고 중화민국을 세우긴 했지만 당시 나라의 어수선한 사회 분위기는 변방의 통제력을 약화시켜 1949년 중화인민공화국을 세운 후에도 국토는 여전히 분쟁의 씨앗에 휘말리게 되었습니다.

청대영토

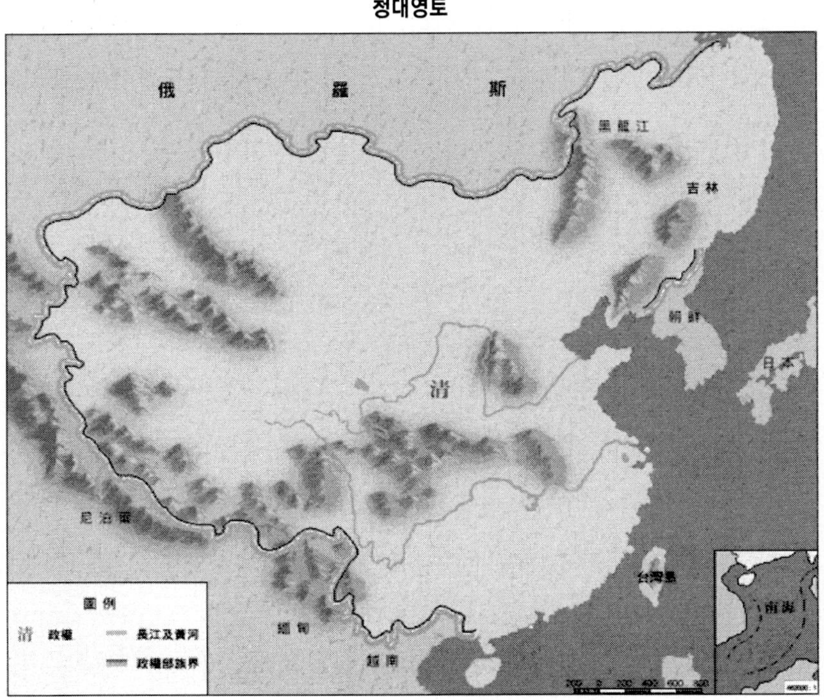

3.2 중국의 영토문제1 — 양안문제

중국은 내륙으로 약 22,117㎞에 달하는 국경선에, 해안선은 18,000km이며 15개 국가와 국경을 접하고 있습니다. 세계에서 이처럼 많은 국경을 접한 나라는 없기에 중국의 영토분쟁은 예로부터 분분하였습니다. 많은 영토분쟁 중에서도 가장 중요한 부분은 중국과 대만 문제, 즉 '양안兩岸' 문제입니다. 현재 중화인민공화국 정부는 중국대륙과 홍콩, 마카오 지역을 포함하고 있고, 중화민국 정부는 대만과 그 주변의 섬들을 포함하고 있습니다. 그러나 중국은 현재까지도 여전히 대만이 중국의 일부분이라고 주장하며 중국과 대만 간의 문제는 내정문제라는 점을 강조하고 있습니다.

대만문제, 혹 양안문제兩岸問題

대만문제, 혹은 또 다른 이름의 양안문제는 중화민국의 국민당 정부가 국공내전에서 패한 뒤 정부를 대만으로 옮긴 이래 중화민국이 실효적으로 다스리고 있는 대만의 정치적 지위 및 주권 귀속에 관한 중화민국과 중화인민공화국 사이에서 일어나고 있는 정치, 역사, 문화, 외교 등 각 방면의 문제를 가리킵니다.

1945년 제2차 세계대전에 패한 일본이 대만을 중국에 반환하였지만 공산당에게 중국대륙을 빼앗긴 장개석의 국민당 정부가 1949년 12월 대만으로 옮기고 중화민국 국민정부의 존속을 주장함으로써 소위 양안문제가 발생하였습니다.

1950년 1월 미국 대통령 H.S.이 불간섭을 선언하였으므로, 그 무렵까지는 대만문제가 여전히 중국의 국내 문제로 남아 있었습니다. 그러나 미국과 영국 양국이 대만을 중국의 어느 정권에도 넘기지 않고 대일강화회의에서 그 귀속을 결정해야 한다는 주장을 제기하였습니다. 특히, 한국에서 6·25전쟁이 일어나자 미국은 대만해협에 제7함대를 파견하고, 대통령 트루먼은 "대만의 지위와 안전의 회복, 대일강화조약, UN에 의한 검토 등을 기다려야 한다"고 천명하였습니다.

그리고 한편으로는 대만의 국민당 정부가 정통적인 중국정부라 하여 적극적인 지원을 하였으므로, 중공은 이것을 중국영토에 대한 침략이며 내정간섭이라고 비난하게 되어 대만문제는 국제적 이슈가 되었습니다.

1955년 8월 미국과 중공과의 대사급 회의에서 대만문제가 중요의제로 되었으나 토의는 진전되지 않았고, 1958년에는 대만해협의 위기(台海危機)를 겪기도 하였습니다.

1971년 대만은 '대만과 중국 공산당은 양립할 수 없다(漢賊不兩立)'는 선언을 하며 UN을 탈퇴하였습니다. 그 결과 당시 중국과 국교를 맺고 있던 국가들과도 연이어 단교하면서 국제적으로 고립이 되었습니다. 또한 중국과 대만 사이에 우편과 통신, 무역 등의 상호왕래를 주장하는 중국의 유화적인 삼통정책三通政策과 중국과는 접촉, 대화, 타협하지 않는다는 대만의 삼불정책三不政策이 대립하면서 대만은 점점 불리해져 갔습니다.

중화민국, 중화인민공화국 동시 승인 문제

중화인민공화국은 하나의 중국 원칙(一個中國原則)을 고수하여 양안의 동시 승인을 절대로 인정하지 않는다는 입장을 취하고 있습니다. 한편, 대만에서는 이등휘李登輝 총통의 취임 이후, 중화인민공화국과는 별개의 국가로서 중화민국의 지위를 명확히 하려는 시도로 UN의 동시 승인을 인정하려는 움직임이 있었습니다.

1960년대에 들어오면서 국민당 정부가 중국을 대표하는 정부라는 미국의 입장이 크게 달라져, 미국 내에 두 개의 중국론(兩個中國論), 하나의 중국론(一個中國論), 하나의 대만론(一個台灣論) 등이 나왔습니다.

1970년대에는 정세가 차츰 달라지면서 캐나다·이탈리아 등이 중공과 국교를 수립하게 되었고, 1971년 10월 중공의 UN가입과 대만 국민당정부의 UN탈퇴 등이 이어졌습니다.

국제연합총회 2758호 결의안과 대만의 국제기구 가입문제

국제연합총회 2758호 결의안(United Nations General Assembly Resolution 2758)은 중화민국의 중국대표 자격을 박탈함과 동시에 중화인민공화국에게 새로운 지위를 부여한 국제연합 결의안으로 1971년 10월 25일에 결의되었습니다. 이 결의로 중화민국은 국제연합 안전보장이사회 상임이사국의 지위를 잃었고 중화인민공화국이 대신 그 자리를 차지하여 이에 반발한 중화민국은 국제연합을 탈퇴하였습니다.

중화민국 정부는 국제연합총회 2758호 결의안 이후 국제 연합과 같은 중요 국제기구나 주요국에 승인되어 있지 않기 때문에, 중화민국(대만)이 국제기구에 가입 하려면 여러 가지 까다로운 문제가 뒤따릅니다.

이런 이유로 중화민국은 나라가 아닌 일개 지역의 이름으로 각종 국제기구에 가입, 참여하고 있으나 이런 경우에는 명칭 때문에 중국과 정치 문제가 되는 경우가 종종 있습니다. 국제 사회에서 널리 통용되는 대만의 명칭은 여러 가지가 있습니다. 세계무역기구(WTO), 아시아 태평양 경제협력체(APEC)에서는 차이니스 타이베이(Chinese Taipei, 中華臺北)를 쓰고, 아시아개발은행에서는 타이베이, 차이나(Taipei, China 中國臺北)를 쓰고, 이 외에도 IOC나 FIFA 등 스포츠 국제기구에는, 차이니스 타이베이라는 지역의 자격으로 참가하고 있습니다.

그리고 1972년 2월 중공을 방문한 미국대통령 닉슨은 대만이 중국의 일부(中國的一部分)라는 중공의 입장에 이의를 주장하지 않을 것과 대만에서의 미군 철수가 미국의 최종목표임을 인정하였습니다.

이런 상황에서 1988년 1월 취임한 이등휘李登輝 총통은 중국방문이 금지되었던 교육자, 사무원, 경찰관의 대륙방문을 허용하였고, 적십자 연맹의 이름으로 대륙과의 우편물 왕래를 인정하는 등 탄성외교彈性外交를 시도하였습니다.

1988년 7월 대만 국민당 제13차 대회에서 중국대륙 주민이 직계친족과 배우자의 병문안 및 장례식과 문화·예술 활동을 위한 대만 방문을 심사를 거쳐 승인하도록 결정하였습니다. 또한 그간 고수해왔던 삼불정책을 정부 당국의 방침으로 한정시킨다고 못 박았습니다.

이등휘는 대만의 눈부신 경제발전에 대한 자신감에 기초해 실용주의적인 대對 중국정책과, 원칙은 고수하되 유연하게 대응하는 탄력적인 외교(彈性外交)를 전개하여 대만과 단교 중이던 중국수교 국가들과의 관계를 개선하려고 하였습니다. 이것은 곧 대만의 국제적인 지위향상으로 이어지게 되었습니다.

1989년 5월 4일 북경에서 열린 아시아개발은행(ADB) 총회에서 중국과의 분리 이후 40년 만에 처음으로 대만의 공식대표단을 파견, 중국과 대만정부 관리의 공식접촉이 이루어졌습니다.

중화민국과 중화인민공화국의 분단 상태

1946년부터 격화되기 시작한 국공 내전에서 처음에는 중화민국 정부가 우세하였지만 해가 거듭될수록 중공군이 우위를 차지하게 되어 1949년 4월이 되면서 중화민국 정부의 수도인 남경이 중공군에게 점령당하고, 10월에는 중국대륙의 대부분을 점령한 중국 공산당이 마침내 중화인민공화국의 건국을 선언하였습니다.

중공군에게 온전히 대항할 수 없을 정도로 약해진 중화민국 국민당 정부는 대만으로 수도를 옮기기로 결정하고, 남아있는 중화민국 국군병력과 국가, 개인의 재산 등을 속속 대만에 옮기기 시작해, 12월에는 중앙정부기구도 대만으로 이전해 타이베이(台北) 시를 임시 수도로 삼았습니다.

이러한 중화민국 정부의 움직임에, 중화인민공화국 정부는 당초 대만으로 군사적 침공을 하는 것도 검토하였지만, 1950년에 발발한 한국전쟁의 영향으로 병력이 한반도로 이동하면서, 1955년에 이 계획은 중단되었습니다.

장개석蔣介石은 수차례 미국에게 중국대륙을 공격할 것을 제안했지만 제3차 세계대전으로 확산될 것을 우려한 미국의 반대로 실현되지 않았습니다.

그 이후, 대만 해협을 사이에 두고 중화민국 정부와 중화인민공화국 정부의 대립상황이 계속되었고, 중국대륙과 대만은 서로 다른 정권에 의해 분열통치가 되었습니다. 양국은 상대방을 국가로 인정하지 않았으며 자국이 중국의 유일한 합법정부임을 주장하였으나, '하나의 중국' 원칙에는 양국이 모두 동의하고 있었기 때문에 큰 충돌은 일어나지 않았습니다.

장경국蔣經國 총통의 집권 이후 중화민국은 사실상 무력에 의한 대륙수복을 포기하고, 대륙과의 협력을 통한 평화통일로 통일정책을 변경하였습니다. 대만독립을 주장하는 이등휘 총통은 대만과 중국은 각각 별개의 국가라는 '일국일변론一國一邊論'을 내세워 사실상 '하나의 중국' 원칙을 폐기하였고, 뒤를 이어 급진 대만독립 성향의 진수편陳水扁 총통의 집권 이래 대만독립 문제가 주요 정치적 문제로 부각되었습니다.

탈 중국(去中國化)

대만 陳水扁 총통의 집권 때 소위 '탈 중국' 정책이 등장하였습니다. '탈 중국'은 중국어로 '거 중국화'라고 하여 중국에서 벗어난다는 뜻으로 이 주장은 과거 이등휘 총통이 1997년 '중국대륙 지배'라는 허구에서 탈피해야 한다고 해서 탈 중국 정책을 표방한 것입니다.

이는 중국과 대만의 역사 경계선을 분명히 해 독립국가로 나아가겠다는 점을 분명히 한 것으로 중국대륙에서는 즉각 거센 비난들이 쏟아졌습니다. 그러나 대만정부는 개의치 않겠다는 입장을 견지하고 있어 양안 간 긴장이 높아질 소지를 내포하고 있습니다.

대만 교육당국은 새 학기 고교 역사교과서에 대만의 독립개념을 추가하여 중국을 더 이상 '우리나라'로 부르지 않고 그 동안 국부國父로 추앙했던 손문孫文도 '위인偉人' 손문으로 표기하여, 중국역사와 일정한 거리를 두겠다는 의도를 보였습니다.

이 같은 강력한 문화대독文化台獨, 즉 대만의 문화적 독립을 추진하면서 '급진적 탈 중국화' 구호가 대만 중산층 유권자들의 불안 심리를 유발했습니다. 대만인들 내부적으로는 묘한 갈등들이 존재하고 있지만 유권자들의 안정을 바라는 심리 때문에 당시 집권정당인 민진당民進黨은 국민들의 민심을 잃게 되었습니다. 다시 말해 대만 국민들은 일반적으로 대만의 민주화 및 경제발전에 대한 만족감을 갖고 있고 이러한 기반들이 흔들리는 것 또한 원치 않기에, 이러한 원인들이 복합적인 작용을 하여 결국 국민당의 마잉주馬英九후보가 압도적인 표 차이로 집권당인 민진당 후보를 누르고 당선되어 2008년 5월20일 이후 대만은 새로운 정치적 국면을 형성하였습니다.

양안의 현재 상황: 해빙과 삼통정책三通政策

2008년에 취임한 마영구 총통은 기본적으로 '하나의 중국' 원칙에는 동의하지만 통일과 독립 중 어느 것도 지지하지 않는다는 중립적인 자세를 취하고 있습니다.

중국 공산당도 무력통일 위주의 통일정책에서 탈피, 평화통일 방안을 모색하기 시작했습니다. 그러나 무력에 의한 통일을 완전히 포기한 것은 아니기 때문에 중화민국의 통일 정책과는 차이가 있습니다.

2005년에 중국 공산당은 '반분열국가법反分裂國家法'을 제정, 무력동원 가능성을 명문화하기에 이르렀습니다. 미국을 비롯한 서방국가들은 대만에 대한 무력사용 자제를 요구하고 있으나, 중국 공산당은 '양안문제'는 중국 내정의 문제라며 다른 나라의 개입을 일체 거부하고 있습니다.

마영주의 총통 당선으로 대만과 중국의 시장 통합이 급속도로 빨라질 전망으로 대만-홍콩-중국남부와 화교권인 싱가포르를 아우르는 동아시아 범중화경제권의 탄생도 예고되고 있습니다.

대만 마영구馬英九 정부가 출범 이후 첫 행정원 회의를 열어 첫 안건으로 '양안 주말전세기 및 대륙관광객 대만 방문 안'을 통과시킨 이후 7월4일부터 양안간의 전세기 직항운항이 실현되면서 현재 양안 협상이 매우 순조롭게 진행되고 있어 향후 양국의 관광개발 협력과 더불어 좀 더 강화된 외교협력이 예상됩니다.

중국이 대만과의 외교 관계를 발전시키기 위해 설립한 '해협양안관계협회'(Association for Relations Across the Taiwan Strait, ARATS, 海峽兩岸關係協會, 약칭은 海協會)를 통해 관광개발에 협력하자는 제안을 했으며 대만의 '해협교류협회'(Straits Exchange Foundation, 海峽兩岸交

流基金會, 약칭은 海基會)는 이를 받아드렸습니다.

삼통三通의 확대와 중국과의 단일시장을 의미하는 '일중시장'을 구상하고 있으며 제한적이었던 중국과의 통상通商, 직항왕래通航, 우편교류通郵 등의 삼통정책을 활성화 시켜 대륙과 단일시장을 만들어 이를 통해 대만경제가 도약할 수 있다는 논리입니다.

호금도胡錦濤(후진타오) 중국공산당 총서기 겸 국가주석은 2008년 북경의 인민대회당에서 대만 국민당의 오백웅吳伯雄(우보슝) 주석과 '국공' 영수회담을 열고 양안관계 발전방안을 논의했습니다. 두 사람은 회담에서 제3차 국공합작의 구체적인 실천방안을 논의하고 지난 8년간 중단된 대만 해협교류기금회와 중국 해협양안관계협회간의 대화 채널을 재개하는데 합의했습니다. 또한 대륙 관광객의 대만 방문, 주말 직항노선 개통을 추진하는 등 양안간의 교류를 대폭 확대해 나가기로 했습니다.

이번 국공 영수회담은 대만 국민당의 경우 집권당으로서는 1949년 이후 처음 열리는 것이어서 양안관계에 새로운 판로가 생길 것으로 기대하고 있습니다.

우 주석은 회담 뒤 열린 기자회견에서 대만은 안전과 존엄의 확보와 국제적 활동공간의 다양화를 강력하게 희망한다고 성명했습니다. 현재 중국-대만은 양 채널을 가동하며 양안관계가 급물살처럼 흐르는 듯 보이지만, 대만 총통 마영구는 '중국과의 관계 개선을 위해 노력하겠지만 당장은 중국을 방문할 계획은 없다'며 '양안 평화를 유지하면서 경제적 번영을 가져오자는 것이 우선 목표'라고 말했습니다.

이와 동시에 중국과 급속히 해빙무드를 연출하던 대만의 마영구 새 총통은 취임 하루 만에 중국정부에 대해 관계 악화를 경고하기도 했습니다. 마 총통은 "대만이 유엔 산하기구인 세계보건기구(WHO)

회원자격 획득에 중국이 계속 반대할 경우 양안관계가 내리막길을 걸을 것"이라며 목소리를 높였습니다.

마 총통은 "중국이 계속 우리를 압박한다면 대만 국민들은 중국에 대해 긍정적인 인상을 가질 수 없을 것이며 이는 중국이 추구하는 원만하고 협조적인 양안관계에 반하는 것"이라고 말했습니다.

3.3 중국의 영토문제2 — 조어도 문제

일본 오키나와(沖繩)에서 약 300km, 대만에서 약 200km 떨어진 동중국해 남부에 있는 무인도 조어도는 다섯 개의 작은 섬과 세 개의 산호초로 이루어져 있습니다. 중국에서는 조어대군도(釣漁台群島), 일본에서는 센카쿠열도(尖閣列島)라 부르며, 국제적으로는 피나클 제도(Pinnacle Islands)라 부르기도 합니다. 조어도 분쟁이란 이 무인도를 사이에 두고 일어나는 대만, 일본, 중국 간의 영유권 분쟁을 말합니다.

중국에서 조어도에 관한 최초의 문헌기록은 명나라 영락 원년(1403년)의 ≪순풍상송順風相送≫에 나타나며 섬의 이름을 '조어서釣魚嶼'라 칭하고 그 후 문헌과 관변지도도 '조어서'라는 명칭을 사용하였다. 그 예로는 명대 세종 가정嘉靖 13년(1534년) 제11차 책봉사(冊封使) 진간(陳侃)이 저술한≪사류구록使琉球錄≫, 가정 41년(1562년) 절강浙江 제도提督 호종헌胡宗憲이 편찬한≪수해도편籌海圖編≫, 청대 건륭 32년(1767년) 건륭황제의 칙명으로 만들어진≪곤여전도坤輿全圖≫ 안에 민남어閩南語 발음으로 표기된 '조어서' 등이 있습니다. 중국은 1873년 출판 된 지도에 조어도가 중국 영토로 표시되어 있기 때문에 조어도가 당연히 중국의 영토라고 주장하고 있으나 일본은 1960년대 조어도 부근에서 지하자원 발견 후 조어도가 일본의 땅이라고 주장하기 시작하였습니다.

본격적인 분쟁이 일어나기 시작한 것은, 대만과 일본 어부들 사이에 고기잡이 문제로 마찰을 일으키면서였는데, 1971년 중국과 대만이 각각 영유권을 주장하고, 이듬해 미국이 오키나와를 일본에 반환하였지만 조어도의 영유권문제는 중화민국, 중화인민공화국과 일본의 몫으로 남겨지게 되었습니다. 일본 측은 조어도가 오키나와의 부속도서이기 때문에 영유권을 가져야 된다며 주장하지만 중국과 대만에서는 조어도까지 일본에 영유권이 넘어가는 것을 인정하지 않았습니다.

그러나 1978년 중국 어부들이 조어도 수역에서 조업을 하자 일본 극우단체가 이곳에 등대를 설치하면서 분쟁은 격화되었습니다. 그 당시 일본의 우익단체가 조어도에 염소를 가지고 들어갔으며 영유권 주장을 위해 등대를 세웠습니다. 염소들이 섬에 방치되어 섬의 생태계가 무너지고 이 때문에 염소를 없애고 생태계를 복원해야 한다는 주장도 있었습니다.

특히 조어도는 지정학적으로 군사전략의 요충지에 해당하고, 엄청난 양의 해저자원까지 매장되어 있어 영유권 분쟁은 격화될 수밖에 없었습니다.

결국 중국은 대만과 공동 대응하여 조어도의 영유권을 보호하는 운동인 '보조운동(保釣運動)'을 표명하고 1992년 중국 전국인민대표대회에서 조어도를 영해에 포함시킨 뒤 이듬해 인근 해역에 해저유전을 시추하고 대규모로 항의 어선단을 파견하자, 일본은 경비정을 보내 중국의 해양조사선을 강제퇴거 조치하는 등 분쟁이 계속되었고, 양국이 충돌 직전까지 가기도 하면서 현재까지도 이 분쟁은 원만히 해결될 기미는 보이지 않고 있습니다.

양안삼지兩岸三地

'양안삼지'란 대만해협 양안의 중국대륙, 대만, 그리고 홍콩과 마카오를 가리킵니다. '양안'은 대만해협 양측, 즉 중화민국이 통치하는 대만, 금문도 지역과 중화인민공화국 이 통치하는 중국대륙을 가리키며, '삼지'는 '양안' 외에 영국이 식민통치했던 홍콩과 포르투갈이 식민통치 했던 마카오를 추가합니다. 역사적으로 대만, 홍콩, 마카오는 중화문화의 영향을 깊게 받고 오늘날에도 세계 화인들이 가장 밀접하게 분포된 지역이기 때문에 1949년 이후 중국대륙과 대만은 각각의 지역을 다스리고 있지만 모든 면에서 완전한 분리가 되어있다고 볼 수는 없습니다.

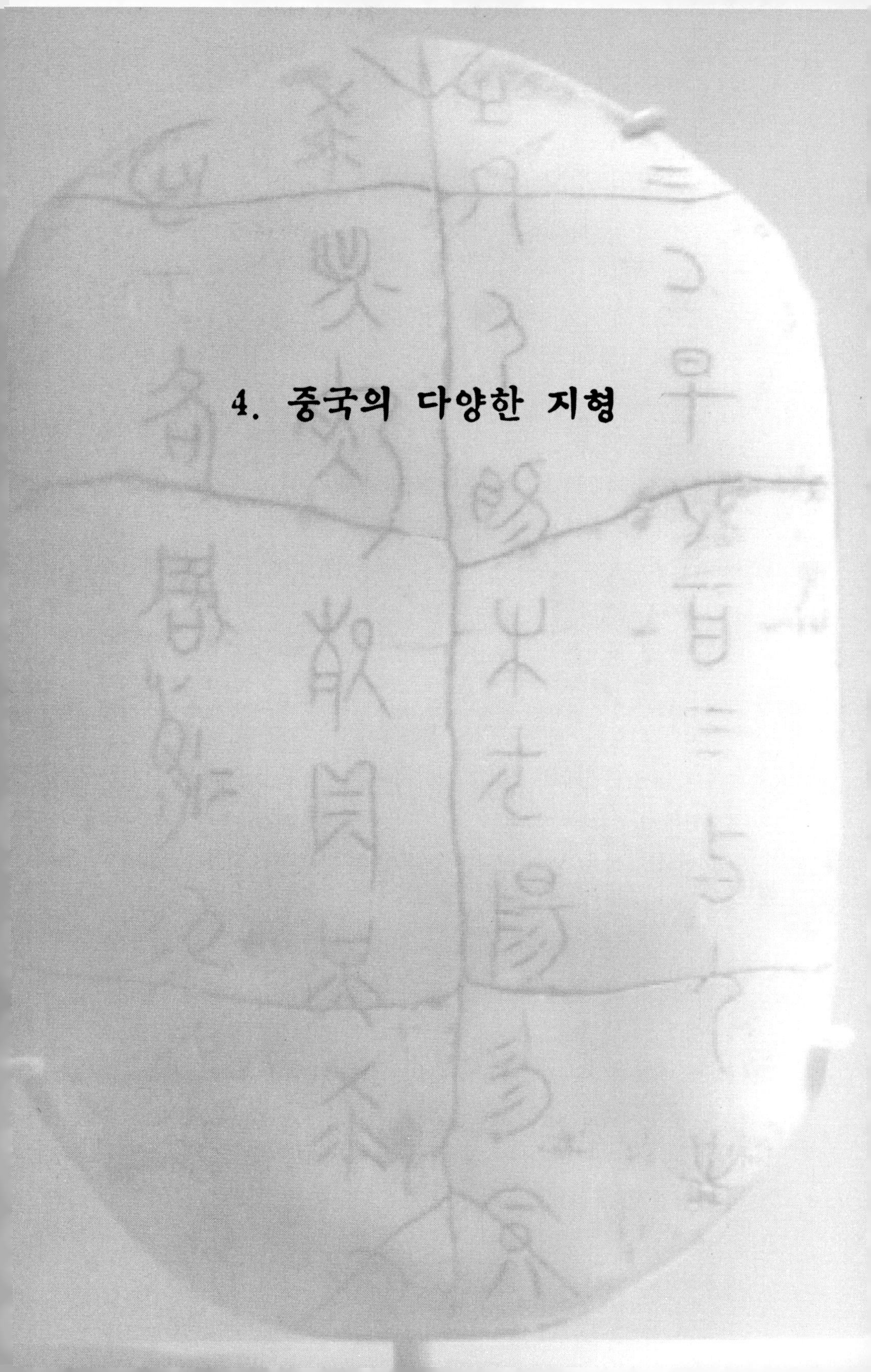

4. 중국의 다양한 지형

4.1 중국의 주요고원 및 산맥

중국은 지형학적으로 크게 동부와 서부로 나뉘는데 두 지역 모두 지질구조는 과거 지질환경과 지각구조운동이 다양하게 나타난 결과이며, 이로 인해 현재와 같은 다양한 경관과 광범위한 광물자원이 산재해 있습니다.

광활한 중국영토는 천차만별의 다양한 대자연의 모습을 보이고 있습니다. 고산과 빙하冰川가 하면, 사막과 평원, 호수와 산림 등 온갖 유형의 지형을 고루 갖추고 있습니다. 특히 전체 면적의 $\frac{2}{3}$가 산지, 고릉高陵, 고원으로 이루어져 있어 토지이용에 한계가 있으며 더욱이 고도 500m 이하의 땅은 전국 국토의 25%에 불과하고, 3,000m 이상의 땅이 25%를 차지할 정도로 해발이 높고 험한 지형으로 되어 있습니다.

중국의 지형은 '서고동저삼급계西高東低三級階', 즉 서쪽이 높고 동쪽이 낮은, 3단계의 지형으로 아시아-유럽대륙이 태평양을 향한 경사면에 있기 때문에 전체적인 지형은 해발 4500m이면서 '세계의 지붕'이라 불리는 청장고원青藏高原으로부터 동쪽을 향해 점차적으로 낮은 형태를 이루고 있습니다.

소위 3단계를 구체적으로 설명하면, 중국 서남부 '세계의 지붕'은 세계에서 평균해발이 가장 높은 고원인 '청장고원青藏高原'이 첫 단계이며, 곤륜산맥昆崙山脈, 기연산맥祈連山脈, 횡단삼맥橫斷山脈을 경계로 동쪽과 북쪽이 낮아지면서 형성된 일련의 고원과 분지들이 두 번째 단계이고, 대흥안령大興安嶺, 태행산太行山, 무산巫山, 무릉산武陵山, 설봉산雪峰山 등 동쪽으로 한 줄로 이어진 많은 평원들로 여기가 세 번째 단계입니다.

중국의 산지는 광활하며 산지, 고원과 구릉은 전국 토지의 3분의 2를 차지하고 있습니다. 중국의 대표적인 강인 황하黃河와 장강長江도 세계의 지붕인 청장고원에서 발원하여 동쪽 지형으로 흘러 들어가고 있습니다. 중국은 동쪽으로 바다에 접해 있어 해운에 매우 유리하며, 이점은 국제문화교류를 전개하고 개방형 경제를 발전시키는데 중요한 장점이 되고 있습니다.

세계의 지붕 — 청장고원靑藏高原

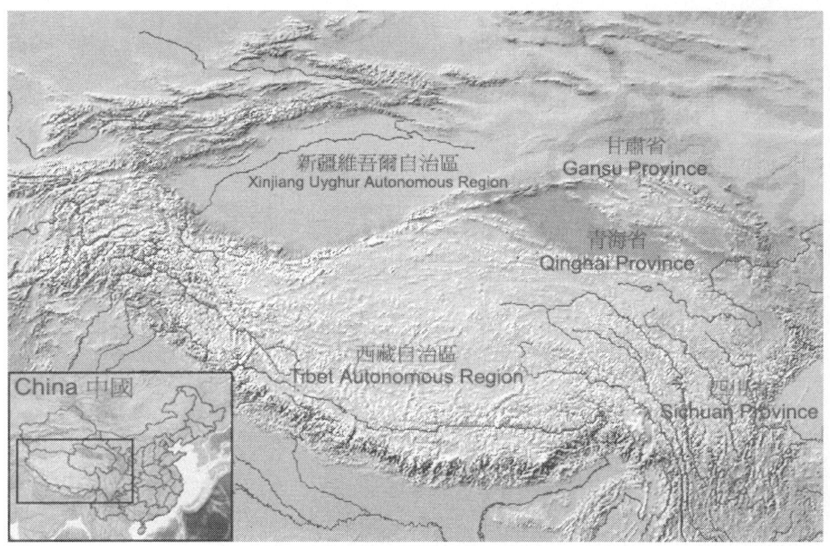

청장고원은 인구가 희소하지만 이곳은 2만 년 전 구석기문화의 인류가 다수 존재했을 가능성이 많습니다. 청장고원의 문화는 주변문화, 예를 들면 한문화, 서역문화, 인도문화 등의 색채가 섞여있는 동시에 고유의 특색 또한 보존되어 있습니다.

청장고원은 아시아 중부에 위치한 세계에서 가장 높은 고원이고 평균해발고도는 4,500m, 면적은 250만 평방킬로미터로 '세계의 지붕'

과 '제3급'이라는 명칭을 가지고 있습니다.

청장고원은 중국 티베트자치구, 청해青海 전체와 신강新疆 위구르 자치구, 감숙甘肅, 사청四川, 운남雲南 지역을 가로질러 부탄, 네팔, 인도, 파키스탄 등에 걸쳐있습니다. 청장고원 주변의 산맥은 대다수 서북쪽으로 위치하여 고원 바깥쪽 지면보다 상대적으로 가파른 지형으로 되어 있고 고원 안쪽에는 드넓은 평원과 수많은 산봉우리, 빙하, 호수 등이 있어 아시아 주요 하천들의 원류가 바로 여기에서 시작된다고 해도 과언이 아닙니다.

전세계 70%의 민물은 빙하 속에 동결되어 있고 특히 히말라야 산맥을 포함하고 있는 이 지역의 민물 집중량은 남북극을 제외하고 가장 많은 곳으로 아시아 하천 대부분의 필요한 물은 거의 이곳 빙하에서 제공합니다.

풀이 잘 자라지 않는 거친 땅 — 내몽고 고원

먼저 몽고고원을 소개하면, 몽고고원은 몽골과 중국의 내몽고자치구 지역에 걸친 넓은 면적의 고원으로 평균 해발고도는 1,000m이며, 산지로 둘러싸여있습니다. 장기간 침식으로 준평원화된 후, 약간 융기된 완만한 기복을 가지고 있습니다. 중앙부는 고비사막을 이루고, 주변은 침엽수림과 초지로 되어 방목이 수월한 유목민의 세계입니다. 청清 나라 때부터 북쪽의 외몽고外蒙古, 남쪽의 내몽고內蒙古로 나뉘어 외몽고는 이미 독립하였고 내몽고는 현재 중국의 영토에 속해 있습니다.

동부는 대흥안령大興安嶺산맥, 남부는 음산陰山산맥, 북부는 러시아의 야블로노비산맥과 타누올라 산맥, 서부는 알타이산맥과 각각 경계를 이루고 있습니다. 이처럼 사방이 산지로 둘러싸인 건조한 고원으로 고원에는 많은 초원, 사막과 '고비'가 있는데 고비는 몽고말로 '풀이 잘 자라지 않는 거친 땅'이란 뜻으로 중국 고전 서적 속에 '대막大漠'이라고도 칭하였습니다. 고비의 안쪽은 넓은 초원지대를 포함하고 있기 때문에 그 개념은 '사막'과 구별됩니다. 강수량은 중앙부에는 연 25~50 mm, 북부에서 남동부에 걸쳐 150~200mm에 불과하나, 강수량의 대부분은 목초와 농작물 생육기인 여름에 집중됩니다. 하천은 대개 사막 속으로 스며들거나 염호鹽湖로 흘러 들어가며 지하수면은 대개 지표에서 6m 미만의 깊이에 있으나 물은 대부분 염수화鹽水化(소금물) 되어 있습니다.

3리 건너 평평하지 않은 땅—운귀고원雲貴高原

중국 운남성 동쪽에서 귀주성貴州省 전역에 걸쳐 있는 고원으로 해발고도 1,000~2,000m로 기복이 매우 심하고 험한 산과 깊은 계곡이 많으며, 석회암지대에는 카르스트지형(Karst topography)도 나타나는 지역입니다. 이 카르스트지형으로 인하여 땅 표면이 평탄하지 않은 탓에 토양도 비옥하지 않아 운귀고원의 지형특징을 묘사한 속담이 있습니다. 즉 '땅은 3리 건너 평평하지 않고, 날씨는 3일간 맑지 않고, 사람은 3냥의 돈도 없다.'(地無三里平, 天無三日晴, 人無三兩銀)

그렇지만 이곳의 특이한 지형은 많은 관광객들을 끌고 있습니다. 산간에는 비옥한 평야가 펼쳐지고 아열대몬순기후(亞熱帶季節風氣候, subtropical monsoon climate)에 속하기 때문에 이모작 농사를 비롯하여 밀, 잎담배, 참깨, 사탕수수 등의 농업이 활발합니다.

중국식의 황량한 아름다움—황토고원黃土高原

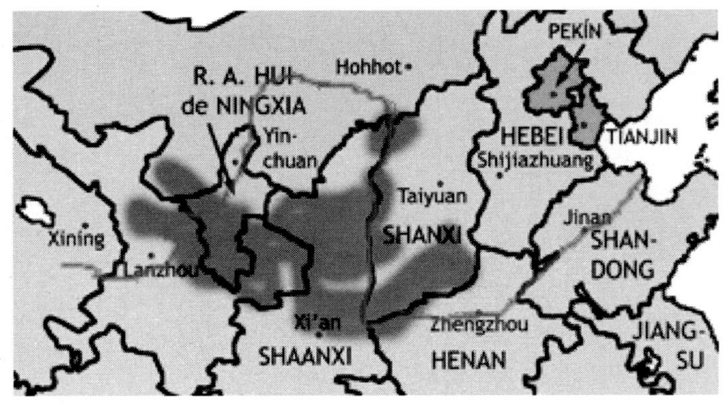

황토고원이란 중국의 황하 중류에 걸쳐 넓게 분포된 황토지구를 가리킵니다. 그 범위는 동쪽에는 태행산太行山, 북쪽에는 만리장성으로부터 남쪽의 진령에 이르고 서쪽에는 오초령烏鞘嶺까지 닿아있습니다. 면적은 약 40만㎢이며, 해발 약 1,000~2,000m로 이곳은 중국의 수토水土 보전문제가 가장 심각한 지역입니다.

1939년 중국의 외딴 마을을 배경으로 민요를 수집하러 온 팔로군 병사와 가난한 농부의 딸에 관한 이야기를 다룬 영화 <황토지黃土地>는 바로 이곳 황토고원의 풍경을 배경으로 삼았습니다. 이 영화는 민속음악과 여백이 풍부한 화면으로 중국의 전통적인 아름다움에 대한 접근을 시도하였으나 중국 본토에서 공산당에 의해 문제시되어 상영금지처분을 받기도 하였습니다. 이 영화는 로카르노영화제(The Locarno International Film Festival)에서 은 표범상을 수상하며 세계적인 관심을 불러일으켰습니다.

대지의 어머니 — 히말라야산맥

히말라야산맥은 세계해발 최고의 산맥이며 중국과 네팔 사이를 지나 청장고원 남부에 위치하고 있습니다. 길이 2,400km이며 높이는 8,848m로 히말라야 산맥은 인도 아시아 대륙과 티베트 고원 사이에 놓여 있습니다.

히말라야 산맥은 원시 인도가 섬이었을 때 아시아 대륙을 향해 서서히 밀려 합쳐지는 힘으로 생겨났으며 산스크리트어로 '눈이 사는 곳'이란 뜻으로 비교적 젊고 높은 산맥에 속합니다.

최고봉은 에베레스트인데 인도계 영국사람인 측량기사 Sir George Everest의 이름에서 따온 것으로 서양인들에게 많이 불려졌습니다. Sir George Everest에 관한 당시의 기사는 다음과 같습니다:

> ……But here is a mountain, most probably the highest in the world, without any local name that we can discover, whose native appellation, if it has any, will not very likely be ascertained before we are allowed to penetrate into Nepal.… In the meantime the privilege as well as the duty devolves on me to assign…a name whereby it may be known among citizens and geographers and become a household word among civilized nations…….
>
> 그러나 이 산은 아마 전세계에서 가장 높은 산일 가능성이 많다. 우리가 찾을 수 있는 현지의 호칭은 아무 것도 없다. 현지의 호칭이 있다 해도 우리가 네팔에 들어가기 전에는 확인할 가능성도 없다. 그 동안 이 영광스러운 임무를 내가 맡았으니……시민과 지리학자 모두가 알고 있고 문명사회 모두가 알고 있는 가운데……

히말라야는 티베트어로 jo-mo glang-ma로 불리는데 '대지의 어머니' 혹은, '성모봉聖母峰'이라는 뜻을 내포하고 있습니다. 티베트어에서 jo-mo는 여신이라는 뜻이고 glang-ma는 암 코끼리를 뜻합니다. 전설에는 jo-mo glang-ma산봉우리는 장수오천녀長壽五天女가 거주하는 궁궐이라 전해집니다.

에베레스트 산의 이미지는 늘 전 세계에 영향을 주고 있어 중국 인민폐 10원의 뒷면과 뉴질랜드 5달러의 정면에 에베레스트 산이 인쇄되어 있는 등 세계인에게 널리 알려진 산임을 알 수 있습니다.

눈의 바다 — 천산산맥天山山脈

천산산맥은 중앙 아시아에서 가장 큰 산맥이며 중국 신강성 중부에 가로로 걸쳐 있습니다. 산맥을 잇고 있는 분지들은 투르판吐魯番 분지, 하미哈密 분지 등이 있으며 우루무치烏魯木齊 동쪽의 박격달봉博格達峰은 해발 5,445m로 산의 눈이 녹지 않는 만년설로 뒤덮여 사람들은 '설해雪海', 즉 '눈의 바다'라 부르고 있습니다. 산허리에 위치한 호수인 천지天池는 맑고 깨끗하여 신강성의 유명한 명승지로 꼽히고 있는데 현재 박격달봉의 자연보호구역은 이미 UN의 '사람과 생물종에 관한 권리보호지역'으로 지정되어 있습니다.

신선이 머무는 곳 — 곤륜산昆崙山

곤륜산은 서쪽 파미르 고원에서부터 시작하여, 신강新疆 티베트 자치구 사이로 경계를 이루고, 동쪽으로 청해성青海省까지 이르는 황하-양자강의 발원지입니다. 평균해발 5,000~5,500m인데 동쪽 산과 산 사이의 저지대는 청장공로青藏公路(중국 서장자치구에서 내륙으로 통하는 중요 교통요지)가 통과하는 길목으로 곤륜산 인근 지역에는 100여 종류의 식물과 고원에 서식하는 야생동물의 종류가 다양합니다.

≪사기史記≫의 <대원전大宛傳>은 곤륜산에서 생겨난 옥이 황하의 기원을 이루었다는 기록이 있는데 이를 뒷받침 하듯 실제로 곤륜

산은 고대부터 중국 중원지역 옥의 주요 생산지였습니다. ≪천자문千字文≫에서 '옥출곤강玉出昆崗'이라는 말은 옥이 곤륜산에서 나온다는 뜻이고 또한 ≪초사楚辭≫의 <천문편天問篇>에는 곤륜산을 신선이 머무는 장소라고 하였습니다.

중국 동북의 대명사—장백산맥長白山脈

중국에서는 이 산을 '장백산'이라 부르지만 한국에서는 '백두산'이라 부르는 중국 동북3개 성인 길림吉林, 요녕遼寧, 흑룡강黑龍江에 가로로 걸친 야생동식물자원이 풍부한 휴화산에 속합니다.

중국어에는 동북지역의 대명사인 '백산흑수白山黑水'라는 묘사가 있는데 '백산白山'은 바로 장백산이며, '흑수黑水'는 흑룡강을 가리킵니다. 중국 만주족 신화 속 장백산은 만주족의 발원지로 청나라 통치자의 시조는 바로 장백산의 선녀가 낳았다고 전래되고 있습니다. 과거 청나라 황제 강희제가 장백산을 칭송하는 시 구절도 현재 전해지고 있습니다..

장백산의 화산구에는 방대한 양의 눈이 녹은 화산호수가 형성되어 있는데 수면의 해발은 2,150m에 달해서 천지天池라고 부릅니다. 천지는 중국에서 가장 크고 깊은 화산구 호수이며 송화강松花江, 도문강圖們江, 압록강鴨綠江의 발원지로 천지의 호수가 넘치면서 천지폭포를 형성하였습니다.

장백산 천지는 중국 AAAA급의 관광명소이며 천지정상으로 통하는 도로는 북선北線과 서선西線이 있습니다. 장백산은 중국과 북한의 경계 산이며 천지를 중심선으로 영토를 구분하여 산 정상에는 경계비를 설치하였습니다.

대만의 지붕 — 대만산맥(중앙산맥)

대만 북부에서 남쪽 끝까지 3,000m내외의 높은 봉우리가 잇달아 솟아 있고 수많은 지맥들이 뻗어 있습니다. 지맥 중의 하나인 옥산玉山산맥은 높이 3,997m로 대만에서 가장 높은 봉우리입니다.

옥산은 대만에서 가장 유명한 명산이며 눈이 내리면 옥산은 은백색의 옥을 닮았다 하여 옥산이라는 이름을 얻었고, 현재 대만 내에서 가장 큰 국립공원입니다. 수려한 산악경관과 잘 단장된 등산로, 등산객들을 위한 각종 편의시설이 비교적 잘 갖추어져 있어 아시아에서 가장 인기 있는 등산코스 중 하나이나 옥산 주봉의 등산은 그리 어려운 편은 아닙니다.

4.2 중국의 주요평원 및 분지

북대황北大荒 — 동북평원

동북평원은 중국에서 가장 큰 평원으로 토양이 두텁고 비옥하고 광활한 농경지로서 중국 주요양식 생산지입니다. 동북평원이 개간되기 전에는 북방에 위치한 추운 날씨, 짧은 농사기간, 인구의 희소 등으로 '북대황北大荒'이라고도 불렸습니다. 남부의 반금盤錦지구는 광활한 습지대를 이루어 있어 '남대황南大荒'으로 불렸으나 중화인민공화국 건국 이후 여러 차례 농민을 이주시켜 농장을 세워 개간하는 등의 노력으로 이 역시 현재는 중국의 중요한 양식생산지가 되었습니다.

천리평원千里平原 — 화북평원華北平原

중국의 주요 양식과 기름의 생산지이며 면적이 방대하여 '천리평원千里平原'이라고도 부릅니다.

수향택국水鄕澤國, 어미지향魚米之鄕 — 장강중하류평원長江中下游平原

장강중하류평원은 예로부터 '수향택국', '어미지향'으로 불리기도 하며 중국인이 가장 밀집되어 있는 지역 중 하나입니다.

개혁개방의 수혜지역 — 주강삼각주珠江三角洲

광동성 지역에 위치한 중국남부경제권 금융의 중심지로 홍콩, 마카오 두 개의 특별행정구역을 포함하고 있고 인구밀도가 가장 높은 지역 중 하나입니다. 중국의 개혁개방 전에 주강삼각주 일대는 주로 논밭과 마을이었으나 1985년 경제개혁 이후 홍콩 상인들이 주도한 대량 자금의 유입으로 제조업의 기반이 형성되었습니다.

아시아의 우물 — 토로번(吐魯番, 투루판, Turfan) 분지

중국 신장위구르자치구 천산산맥 동쪽에 있는 지역에 위치한 분지 전체를 통틀어 토로번이라 부릅니다. 이 지명은 15, 16세기 이 분지에서 세력을 떨쳤던 토로번이라는 나라와 그 도성의 이름에서 유래합니다.

북서쪽은 우루무치, 남서쪽은 카슈가르, 남동쪽은 감숙성甘肅省으로 연결되는 교통의 요지이기 때문에 예로부터 발전이 수월하였습니다. 또한 이 도시의 북서쪽에 있는 야르호토는 한대漢代의 사서史書에 차사국車師國이라 기록된 교하성(交河城)이었고, 남서쪽의 카라호토는 고창국(高昌國)의 수도였던 고창성(高昌城)이였습니다. 그 때문에 청대(淸代) 이전까지는 분지 전체를 고창 또는 호토라 불렀습니다. 이곳은 또한 해수면보다 280m 낮은 지점에 해당하므로 '아시아의 우물'이라 일컬을 만큼 지리학상으로도 유명합니다.

토로번에서 북쪽으로 30km 부근에 있는 고창고성은 고대 비단길의 도시로 중국의 신강 위구르 자치구의 황량한 타클라마칸 사막의 북쪽 주변에 건설되었던 고창의 유적지입니다.

토로번 오아시스에 위치한 토로번 분지는 해수면보다 154m 낮고 지구상 가장 덥고 낮은 지역으로 거의 비가 오지 않아 더울 때는 온도가 몇 주 간 40도 정도 높게 올라갈 때도 있습니다.

최근 중국에서 천산지역으로 통하는 철도가 신설되어 토로번은 이 철도의 주요 역驛이 되었고 부근에서는 목화와 포도 등의 산물과 여러 시대에 걸친 도성유적을 비롯한 고분군古墳群 등의 사적이 분포되어 있습니다.

죽음의 바다 — 타림분지(塔里木盆地, Tarim Basin)

중국 신강 위구르 자치구 서쪽에 있는 분지로 면적 약 70만㎢, 남북 길이 500km, 동서 길이 1,500km, 평균 해발고도는 800~1,200m로 서쪽은 파미르고원, 북쪽은 천산天山산맥, 남쪽은 곤륜崑崙산맥에 둘러싸여 있고 서쪽에서 동쪽 방향으로 경사를 이루고 있습니다.

주위의 산맥이 모두 높고 산꼭대기는 만년설로 덮여 있어 이곳에서 방출되는 수량이 많아 타림(물이 모이는 곳이라는 뜻)이라는 이름이 붙었습니다.

산기슭에는 하천이 퇴적하여 생긴 선상지(물의 흐름이 갑자기 느려지면서 운반해 온 토양 등을 산기슭에 퇴적시켜 생긴 부채꼴의 사면)가 늘어서 있으며 선상지의 끝부분은 오아시스 지대로 이루어져 있습니다.

분지의 중앙에 있는 타클라마칸 사막(Takla Makan Des.)은 선사시대의 내륙호가 말라붙은 지역입니다. 중국에서 가장 큰 사막이며 세계에서는 두 번째로 큰 사막으로 '타클라마칸'이라는 말은 위구르족 말로 '들어갈 수 있지만 나오지는 못하다'는 뜻이 있으며 사람들 가운데 '죽음의 바다'(死亡之海)라 불려지고 있습니다. 사실, '타클'은 '산'이라는 뜻이고 '라마칸'은 '광활하고 황량한 사막'을 가리킵니다. 그러므로 '타클라마칸'은 '산기슭의 광활하고 황량한 사막'의 실제모습을 구체적으로 묘사하고 있습니다.

오아시스 지대는 위구르족 마을을 포함한 많은 사람들이 오랫동안 정착해온 장소로서, 예로부터 농업이 발달하여 도시국가의 성립을 촉진하는 등 주요 교통로로 이용되어 왔습니다.

분지의 북쪽과 남쪽 가장자리에는 실크로드가 뻗어 있어 동양과 서양 문명의 교류에 공헌을 하였으며, 부근에서는 유전도 발견되었습니다.

천부지국天府之國--사천분지四川盆地

중국의 4대 분지 중의 하나이며 적색사암이 널리 분포하기 때문에 적색분지 또는 홍색분지라 부릅니다. 민산산맥岷山山脈, 대파산맥大巴山脈, 무산산맥巫山山脈, 운귀고원 등에 둘러싸여 있으며, 해발고도는 1,000~3,000m입니다. 장강(양쯔강)이 분지의 남쪽을 흐르고 있으며 성도成都평원 등 몇 개의 비옥한 평야가 있으나 대부분은 낮은 구릉지로 되어있습니다. 수륙교통이 편리하여 천강川江에서는 수송운송이 활발합니다.

내륙임에도 불구하고 기온의 연교차가 적어 겨울에도 북부를 제외한 대부분의 지역 온도가 4도 이상이어서 서리나 눈은 내리지 않고 연강수량은 1,000mm정도로 습기가 많은 편입니다. 낙산樂山 부근 산간은 중국에서 강우량이 많은 대표적인 지역이며 중국 서부지역의 바람을 막는 '병풍'이 아니라 비를 막는 '병우'라는 뜻으로 '화서우병華西雨屏'이라고도 부릅니다. 그리고 비가 고루 내리지 않아 예를 들면, 파산巴山에 쏟아 내린 비가 밤 사이 연못에 가득 찬 모습을 묘사한 '파산야우장추지巴山夜雨漲秋池'라는 시구도 예로부터 유명하였습니다.

분지에는 안개와 습기가 많고 구름 낀 어두운 날이 대부분으로 아미산峨嵋山은 중국에서 안개 낀 날이 가장 많은 지역이기 때문에 습도도 중국에서 가장 높은 지역입니다. 안개가 짙어서 해를 보는 날이 드물기 때문에 해가 뜨면 개가 이상하게 여기고 짖는다는 뜻으로 '촉견폐일蜀犬吠日'이라는 우스운 표현도 있습니다.

중국 도교와 불교의 성지로, 중국 삼대영산(오대산, 천태산, 아미산)의 하나이자 중국 사대 불교명산(오대산, 구화산, 보타산, 아미산)의 하나로 보현보살의 성지이기 때문에 자연환경이 잘 보존되어 있고, 많은 식물과 멸종 위기 동물들의 보고이기도 합니다. 1996년 12월6일 문화, 환경 모두를 고려하여, 낙산대불樂山大佛과 함께 유네스코 세계복합유산으로 등록되었습니다.

낙산대불은 당 나라 때 건설되기 시작했으며, 위고韋皐가 쓴 비문 <가주능운사대상기嘉州凌雲寺大像>의 기술에 의하면, 713년(개원원년) 당시 빈번하게 일어나던 수해를 막기 위해 승려 해통海通이 능운사(凌雲寺)에 인접한 절벽에 석상을 조각한 것이 시초라 합니다. 743년(천보 2년) 해통은 대불이 완성되기 전 입적을 했고, 절도사로 있던 위고가 건설을 이어받아 803년(정원 19년)에 완성했다는 기록이 있습니다. 강의 합류 지점에는 공사로 인해 떨어져 나간 대량의 토사 때문에, 강바닥이 얕아져 해통의 의도대로 수해는 대폭 감소했다고 합니다.

사천분지도 중국에서 동물들의 종류가 가장 많고 비교적 완비된 지역에 속합니다. 예로부터 국토가 기름져 온갖 산물이 많이 나는 나라를 뜻하는 '천부지국天府之國'이라는 고사성어가 있으며 중국 펜더자연보호구역도 이곳에 있습니다.

낙산대불樂山大佛 낙산대불은 높이 71m이며 세계에서 가장 큰 석각불상입니다. 1982년 중화인민공화국 국무원은 낙산대불을 전국중점문물보호단위 중의 하나로 지정하였습니다. 1996년 세계문화와 자연이중유산으로 등록되었습니다.

4.3 중국의 주요하천 및 섬

중국문명의 요람지—황하黃河

중국 당나라의 시인이며 시선詩仙이라고도 불렸던 '주중팔선酒中八仙'의 하나로 술을 유난히 좋아했던 이백李白은 술을 권한다는 시작 ≪장진주將進酒≫에:

군불견황하지수천상래, 분류도해불복회
君不見黃河之水天上來, 奔流到海不復回。

그대는 황하의 물이 하늘에서 세차게 쏟아져 내리고,
세차게 바다로 흘러들어 다시 오지 않음을 아는가?

위 시구는 황하가 고지대에서 기원하여 물살이 세차게 동쪽 방향으로 흐르는 실제 장면을 그리고 있습니다. 또 다른 당나라 시인 왕지환王之渙도 황하를 묘사하는 다음과 같은 시가 있습니다.

白日依山盡, 백일의산진
黃河入海流; 황하입해류
欲窮千里目, 육궁천리목
更上一層樓。경상일층루

멀리서 보면 해가 산을 따라 지며
더 넓게 보면 황하가 바다로 흘러든다.
만약 천리 밖을 보고 싶다면
한층 더 위로 올라가야 함이니

시에는 시인의 좀더 드넓히고 싶은 마음이 그려지면서 황하의 웅장한 모습도 더불어 묘사했습니다. 위 두 편의 시는 모두 중국인들이 즐겨 읽는 시이며 황하는 중국의 대명사가 될 정도로 중국문화와 밀접한 관계가 있습니다.

황하 중・하류는 중국문명의 요람지搖籃地로서 이름이 높으며 강 유역에는 섬서성陝西省 남전현藍田縣에서 발견된 남전원인藍田原人의 유적을 비롯한 채도彩陶, 흑도기黑陶器와 은殷 나라의 유물이 수없이 발견되었고 그 밖에 역대 왕조의 사적도 무수히 남아 있습니다.

황하에서 흘러내린 토사에 의해 화북평야의 대부분이 형성된 만큼, '물 한말에 진흙 여섯 되'라고 할 정도로 유수流水 중에 포함된 진흙의 양이 많아 1년에 13억 8000만의 진흙이 하류로 운반되고 있어 토사 함유량은 세계에서 제일 많습니다. 진흙이 많기 때문에 하구의 해안선이 3년 동안 10km나 전진하고 있으며, 하천 바닥의 상승 또한 빨라지면서 불규칙한 흐름이 이어지고 있습니다.

이따금 제방을 파괴하여 북쪽으로 해하海河에서 남쪽으로 회하淮河까지 넓은 평야 위를 흐르면서 때때로 다른 하천의 흐름을 빼앗아 수로를 바꾸기도 합니다. 따라서 과거 3,000년 동안 범람과 제방의 파괴는 1,500회 이상, 특히 수로의 변화가 9회나 되어 그 피해도 막대하였습니다. 1938년 중일전쟁 당시 일본군의 추격을 저지하기 위해 국민당 정부군이 하남성河南省 정주시鄭州市 부근 화원구花園口의 제방을 파괴했을 때에는 피해자 1,250만 명, 사망자가 9만 명에 달하였습니다.

황하유역은 반 건조지역에 속하는데, 집중 호우 형으로 비가 내리면 수해가 극심한 반면, 연강수량은 적어 가뭄의 피해가 큽니다. 일찍이 '십년구한十年九旱' 즉, 10년 중 9년은 가뭄이 있다고 할 정도로 물과 가뭄의 피해 모두 극심한 지역입니다.

1955년 중국정부는 '황하의 수해를 근절하고 황하의 수리를 개발한다는 종합계획'을 수립하고, 국영공사로 황하 중류에 계단식의 댐을 만들고 진흙의 대부분을 공급하고 있는 황토고원지대 수토水土 유실 방지를 위한 공사를 확대 실시하여 황하의 물을 맑게 하고 홍수를 없애는 동시에 발전發電, 관개灌漑, 주운舟運(배로 화물을 운반함)을 위한 대사업에 착수하였습니다. 이는 제 1기에서 시작하여 공사 완성까지 50년 이상을 필요로 하는 대공사입니다.

황하문명黃河文明

1921년 중국의 하남성河南省 민지현澠池縣 앙소仰韶에서 신석기新石器 시대의 대규모 취락지가 발굴된 뒤, 황하黃河 유역에서는 신석기新石器와 청동기青銅器 시대와 관련된 고고학적考古學 발견이 잇달아 이루어졌습니다. 그 뒤 학계學界에서는 황하문명黃河文明을 세계 4대 문명의 발상지 가운데 하나로 꼽으며, 중국 문명이 황하黃河 유역에서 시작되어 주변 지역으로 확산되었다는 견해가 지배적으로 자리를 잡게 되었습니다.

그러나 그 뒤 중국의 각 지역에서 다양한 유형의 신석기 문화가 발견되면서 이러한 학설은 비판을 받았습니다. 특히 1973년 절강성浙江省 영소寧紹 평원의 하모도河姆渡에서는 벼농사와 고상식高床式 건축물 등의 유적遺蹟이 발굴되어, 장강長江 유역에서 앙소仰韶 문화와 비슷한 시기에 황하문명黃河文明과는 다른 계통의 수준 높은 신석기 문화가 발달했음을 보여주고 있습니다.

대우치수大禹治水 : 우임금이 황하를 다스렸다는 그림

그리고 동북東北 지방의 요하遼河 유역에서도 황하문명黃河文明과 다른 계통의 신석기 유적遺蹟들이 발굴되었습니다. 따라서 오늘날에는 황하문명黃河文明에서 중국의 문명이 시작되었다는 학설은 인정되지 않으며, 중국에서 나타난 고대 문명은 '중국문명中國文明' 혹은 '황하·장강黃河長江文明' 등으로 표현되고 있습니다.

중국 장강문명長江文明의 발원지 — 장강長江

장강은 전체 길이가 6,300㎞로 나일강과 아마존강에 이어 세계에서 세 번째로 긴 강이면서 중국에서는 가장 긴 강으로 장강의 길이는 지구의 반경보다 더 깁니다.

고대 '강'자는 장강을 가리키며 '하'자는 황하를 지칭하고 있습니다. 장강은 청장고원에서 발원하여 11개의 성, 시, 자치구를 거쳐 최종적으로 동해로 유입되는데, 중국의 중경重慶, 무한武漢, 남경南京, 상해上海 등 대도시가 이 곳에 집중되어 있습니다. 중국 지형의 3단계를 거쳐 유역면적 약 180만㎢로 장강 상류 부분은 사천성을 걸치고 있어 다른 말로는 '천강川江'이라고도 부릅니다.

장강 하류는 고대 '양자진도구揚子津渡口'라는 명칭이 있었는데 이 때문에 '양자강'이란 이름으로도 부릅니다. 그런데 양자강은 원래 장강의 하류부분을 가리켰으나 서양 선교사들이 최초로 들었던 장강 하류부분의 이름이 양자강이라 하여 외국어에서는 양자강이란 명칭이 장강을 대신하게 되었습니다. 장강유역과 황하유역은 같은 중화민족의 발원지이며 중화문화의 중요한 지역입니다. 또한 장강유역은 인류의 발원지 중 하나로, 4만5천만 년 전 장강하류유역에 살던 원시인류는 최초의 고등영장류였습니다.

그리고 장강상류유역의 삼성퇴三星堆(하은주夏殷周 문화와는 또 다른 중국의 고대문화)의 촉蜀 나라 문명 수준은 중화문명의 주요 발원지인 황하유역과 같은 시대의 고대문명에 뒤지지 않습니다. 또한 동진東晉 이후 장강의 동쪽인 강동江東 지역은 이미 황하하류 일대 중화문명의 발원지이며, 또한 화하민족華夏民族의 천하 중심인 중원中原을 대신하여 중화경제의 중심지가 되었습니다. 지금까지도 강동은 문화적 번영과 경제적 풍요를 구가하고 있습니다.

장강문명長江文明

장강문명은 중국 대륙의 중앙부를 횡단하는 장강유역에서 나타난 중국의 고대 문명을 통틀어 나타내는 말로 황하문명과 함께 중국의 고대 문명을 대표합니다.

1921년 중국의 하남성河南省 민지현澠池縣 앙소仰韶에서 신석기 시대의 대규모 취락지가 발굴된 뒤, 황하유역에서는 신석기新石器 및 청동기青銅器 시대와 관련된 고고학考古學적 발견이 잇달아 이루어졌습니다. 그 뒤 학계學界에서는 황하문명黃河文明을 세계 4대 문명의 발상지 가운데 하나로 꼽으며, 중국 문명이 황하유역에서 시작되어 장강유역을 비롯한 주변 지역으로 확산되었다는 견해가 지배적으로 자리를 잡았습니다.

하지만 그 뒤 중국의 각 지역에서 다양한 유형의 신석기 문화가 발견되면서 이러한 학설은 비판을 받았습니다. 특히 1973년 절강성浙江省 영소寧紹 평원의 하모도河姆渡에서는 벼농사와 고상식高床式 건축물 등의 유적遺蹟이 발굴되어, 이 지역에서 앙소仰韶 문화와 비슷한 시기에 그보다 높은 수준의 신석기 문화가 발달했음을 보여주었습니다. 그 뒤 장강유역에서는 황하문명黃河文明과 계통이 다른 고대 문명의 유적遺蹟들이 잇달아 발견되었고, 동북東北 지방의 요하遼河 유역에서도 독자적인 계통의 신석기 시대의 유적遺蹟이 발굴되었습니다.

따라서 오늘날에는 황하문명에서 중국의 문명이 시작되었다는 학설은 인정되지 않으며, 황하문명보다 중국문명이라는 개념을 더 일반적으로 사용하고 있습니다. 장강문명은 황하문명과 더불어 여전히 중국문명의 중요한 원류源流 가운데 하나로 여겨지고 있습니다.

푸른 바다 — 청해호青海湖

중국최대의 호수이며 최대의 염수호로 중국 청해성青海省 내 청장고원 동북에 위치하고 있습니다. 면적 4236.6㎢ 이며 둘레 약 360km 호수해발 고도는 3,260m의 이 호수는 몽고어와 티베트어로 '푸른 바다'라는 뜻으로, 얼어붙은 겨울 호수는 거울처럼 햇빛을 반사합니다.

청해호 가운데 있는 해심산海心山과 조도鳥島는 면적 1㎢ 밖에 안 되는 관광명소지만 경치가 아름답고 봄, 여름철에는 10만 여 마리의 철새가 서식하고 있기 때문에 많은 관광객의 눈길을 끌고 있습니다.

고대 해군의 전쟁터 — 파양호鄱陽湖

중국 강서성江西省 북부에 있는 파양호는 중국에서 가장 큰 담수호에 속합니다. 정상적 상황하에서 파양호의 면적은 3,914㎢이지만, 파양호는 계절적 변화가 심한 호수이기 때문에 봄과 여름철에는 호수의 수위가 급격히 올라가다 겨울철에는 호수 수위가 갑자기 떨어지면서 호수 면적이 약140㎢까지 줄어듭니다.

파양호는 오랜 기간 변천하면서 현재의 모습이 된 것으로 남북조南北朝 시기에 형성되어 한대漢代에는 이곳에 양현陽縣(지역 행정단위)을 설치하기도 하였습니다. 당 나라에 이르러 파양호의 면적은 한때 최대 6,000km2에 달한 적도 있었습니다.

파양호 유역은 예로부터 중국에서 비교적 경제적으로 발달하고 부유한 지역이며 역사상 많은 걸출한 인물들, 예를 들면 도연명陶淵明, 주탑朱耷 등의 인물들이 파양호 지역에서 태어나고 성장하였습니다.

파양호는 고대 북방에서 강서로 들어가는 유일한 수로이기 때문에 이 근처에는 많은 걸출한 영웅 사적들의 흔적이 남아있는데 예를 들어, 삼국 시대 오吳 나라의 주유周瑜가 여기서 해군훈련을 한적이 있었고 역사상 많은 전쟁도 이곳에서 벌어졌습니다.

역대 시인들도 파양호의 경치를 묘사한 시구들을 많이 남겼습니다. 예를 들면, 당 나라 초기 시단의 사대시인四大詩人 '초당사걸初唐四傑' 중 하나인 왕발王勃이 쓴 <등왕각서滕王閣序>중에는 파양호 호수에서 어민들이 배에 물고기를 가득 싣고 기쁘게 돌아오는 장면을 묘사하였습니다. 송宋 대 시인 소동파蘇東坡의 <이사훈화장강절도도李思訓畫長江絶島圖>에도 파양호의 아름다운 경치가 그려져 있습니다.

옛날에는 광대한 호수였으나 하천으로 토사土砂가 흘러 들어와 호수를 메워 파양호 주위에 평야를 형성하였습니다. 북쪽의 호구湖口에서부터 장강과 연결되는데 물이 많아지는 시기에는 장강의 물이 역류하여 장강의 수위水位를 조절하는 역할도 합니다.

태고의 운몽대택雲夢大澤 — 동정호洞庭湖

중국 호남성 북부에 있는 중국 제2의 담수호인 동정호는 면적이 3,915㎢입니다. 태고에 운몽대택雲夢大澤이라고 불린 큰 호수가 일대를 덮고 있었는데 여러 하천의 퇴적작용(堆積作用, sedimentation)에 의해 광대한 호광湖廣 평야와 다양하고 무수한 작은 호수들이 형성되었으며, 동정호도 그 중의 하나로 생겨났습니다. 동정호는 상강湘江, 자수資水, 원강沅江, 예하澧河 등의 물을 모아, 악양岳陽 북동쪽의 성릉기城陵磯를 거쳐 장강長江으로 물을 보냅니다. 동정호는 장강의 유수량 조절에 오랫동안 기여하였으며, 현재도 그 조절기능을 유지하고 있으나 장강의 진흙이 오랜 세월 동안 유입되어, 중국 최대의 담수호였던 동정호는 지금은 오히려 파양호鄱陽湖보다 작아졌습니다.

예로부터 물이 많아지는 시기에는 선박의 왕래가 빈번하여, 연안에는 상덕常德, 익양益陽, 장사長沙 등 도시가 번성하였고, 호수 안에 자라는 방죽方竹과 반죽斑竹을 이용한 민예품民藝品 제조 및 잉어 양식으로 유명합니다.

한편, 호수 안에는 섬이 많아, 일찍이 소상팔경瀟湘八景 중의 하나로 꼽혀 아름다운 풍광으로 유명하고, 악양의 악양루岳陽樓 앞에 있는 높이 128m의 군산君山, 일명 상산湘山에는 순제舜帝의 죽음을 비탄하며 물에 몸을 던진 아황娥皇, 여영女英 두 명의 비妃를 모시는 묘우廟宇가 있습니다.

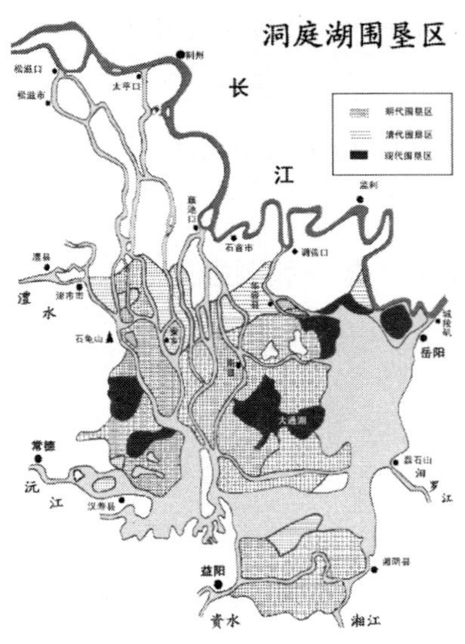

장강 포위간척 지역 명대부터 청대를 거쳐 현대까지 계속되고 있는 포위간척, 즉 호수를 포위하여 논밭으로 만드는 농경방식으로 오랜 세월동안 동정호의 면적을 작게 만든 원인이 되었습니다.

전통산수화 속의 호수—태호太湖

중국 강소성 남동쪽에 있는 호수이며 중국에서 세 번째 규모의 담수호로예로부터 오나라와 월나라를 품는다는 뜻의 '포잉오월包孕吳越'이라 불리는 중국의 중요 관광명소입니다.

태호 주변은 72개의 산봉우리 등에 둘러싸여 부근의 유명한 '무석산수無錫山水', '소주원림蘇州園林' 등과 연계되어 세계적으로 유명한 중국 전통산수화의 배경이 되는 관광명소가 형성되어 있습니다.

옛날에는 바다였으나 장강長江 어귀의 삼각주가 발달함에 따라 형성된 담수호로서 호수 주위의 서쪽과 북쪽에는 구릉이 있고, 호수 가운데에는 서동정산西洞庭山이라 일컫는 작은 섬들이 있습니다. 구릉에서 흘러내린 하천은 서쪽 호수 안으로 유입되어 호수 동쪽 오송강

吳淞江과 황포강黃埔江 등으로 물을 보내고 있습니다. 수면水面은 변화가 심하기 때문에 연안지대에서는 홍수가 자주 일어 송·명宋·明 시대부터 치수공사에 힘을 기울였고 근년에 수리시설이 건설됨에 따라 안정된 벼농사 지대로 바뀐 중국에서도 손꼽히는 담수어장으로 유명합니다.

중국 미인의 상징 — 서호西湖

절강성浙江省 항주杭州 서쪽에 위치하여 삼면이 산으로 둘러싸여 있는 지역으로, 송 대 소동파는 서호의 수위를 측정하기 위해 서호 한가운데 세 개의 석탑을 세웠다고 합니다. 이것이 바로 서호에서 유명한 '서호십경西湖十景'중 하나인 '삼담인월三潭印月'로 청 대 건륭제도 이곳에 와서 글을 남긴 적도 있습니다. 서호의 아름다움은 예로부터 문인시인들이 많은 시를 지어 표현하였는데 가장 유명한 시 중에는 태호를 중국4대 미인 서시西施와 비유하여 아름답게 비유하기도 했습니다.

서시西施 중국 춘추시대 월국越國의 미녀. 효빈 · 방빈이라는 말이 서시의 미모에서 유래했고 오吳나라에 패망한 월나라의 충신 범여가 서시를 오왕 부차에게 바쳐 마침내 오나라를 멸망시켰다고 전해지고 있습니다. 후세 사람들이 늘 '침어낙안沈魚落雁'으로 서시 같은 미녀들을 묘사합니다. '침어낙안'이란 미녀들이 어찌나 아름다운지 미녀를 보면 그 아름다움에 압도되어 '물고기는 물속으로 깊이 숨어버리고 기러기는 넋을 잃고 바라보다 대열에서 떨어졌다'는 뜻입니다.

아름다운 Formosa — 대만(타이완, Taiwan)

대만 섬은 타이완 지구臺灣地區 최대의 섬이고, 일본 류큐 제도琉球諸島와 중국 대륙 그리고 필리핀의 가운데에 위치한 교통의 요지입니다.

19세기 이전 유럽에서는 대만을 Formosa라 불렀다. Formosa는 라틴과 포르투갈어에서 기원한 '아름다움'이란 뜻입니다. 19세기 청 나라가 대만 성을 설치한 이후 국제사회에서는 점차 이 섬을 대만(타이완, Taiwan)이라고 부르기 시작하였습니다. '대만'이란 단어는 다소 한족적 색채를 갖고 있기 때문에 일부 대만 독립파 인사들은 'Formosa'로 대만을 호칭하는 경향도 있습니다. 동시에 'Formosa'는 식민지와 연결된 서양제국주의 색채도 갖고 있기 때문에 중국대륙에서는 사용을 금하고 있습니다.

대만 섬은 산이 많은 지형으로, 전체 면적의 64%가 산지山地로 되어 있습니다. 대만산맥臺灣山脈이 섬의 동부를 남북으로 가로지르고 있으며 각 봉우리들의 평균 고도는 3,000m를 넘는데, 이중 가장 높은 산인 옥산玉山은 고도가 3,997m에 이릅니다. 산맥의 동쪽은 평야가 적고, 태평양 연안에서는 수직에 가까운 각도로 솟아 있는 절벽이 계속된 반면 서쪽은 비옥한 평야가 완만하게 타이완 해협臺灣海峽을 향해 펼쳐져 있습니다.

대만의 기후는 중앙부를 지나는 북회귀선을 기준으로 북부는 온난습윤기후, 남부는 열대기후로 구분되며 섬 전체의 연평균 기온은 23°C로 온난한 편입니다. 대만에 분포하는 식물은 3,800종이 넘으며 삼림에 덮인 산은 고도高度에 따라 삼림 형태가 달라지며 그곳에는 다양한 식물과 생물종이 분포하고 있습니다.

대만은 중국 복건성과 대만 해협을 사이에 두고 있는 나라입니다. 1885년 하나의 성省으로 독립하였고, 청일전쟁 뒤 일본 최초의 해외 식민지가 되었으며, 1949년 중국공산당과의 내전에 패배한 국민당의 장개석蔣介石 정권이 이주해왔습니다.

대만 주민의 대부분이 한족이므로 그 문화 기반 역시 한문화여서 중국대륙의 전통사회와 마찬가지로 가족은 사회조직의 중요한 소단위가 되고 있습니다. 따라서 조상숭배는 중요한 가족행사의 하나이며 구정 및 이십사절기에 따르는 청명절淸明節이나 중추절中秋節 등의 전통적인 연중행사는 매년 성대하게 행해지고 있습니다. 대만의 일제통치기간은 한국보다 15년이 더 긴 51년(1895년부터)입니다. 그러나 이러한 장기간의 일제통치에도 불구하고 특이하게도 대만 주민들의 반일감정은 한국인처럼 강하지 않습니다.

대만에는 세계적인 도서관이나 미술관이 많습니다. 저명한 도서관으로는 대북시(타이베이시)에 있는 국립중앙도서관이 있으며, 방대한 양의 장서를 보유할 뿐만 아니라 분관도 설립되어 있습니다. 타이베이시에 있는 국립고궁박물원國立故宮博物院에는 중국 북경의 자금성으로부터 옮겨져 온 중국 역대 왕조의 뛰어난 문화유산이 다수 수집, 보관되어 있습니다.

대만 국립고궁박물원

프랑스의 루브르박물관, 미국의 메트로폴리탄 미술관, 러시아의 에르미타슈 미술관과 함께 세계 4대 박물관으로 꼽히는 대만의 고궁박물원은 타이베이 주변의 최대 볼거리입니다. 약 70만점의 소장품 중에서 전시되고 있는 것은 6,000~6,500점뿐. 항상 전시되는 수 백점을 제외하고는 3~6개월 마다 전시품을 교체하는 세계 굴지의 대규모 박물관입니다. 고궁이란 중국의 명나라와 청나라시대의 궁전이었던 자금성을 말하며 중국 황제가 자금성에 모아 놓은 방대한 수집품들을 전시하고 있기 때문에 이런 이름이 붙여졌습니다. 2차 세계대전이 끝난 1947년에 모든 소장품을 난징에 모아 놓았다가 이후 국공내전의 격화로 국민당 정부는 소장품의 약 4분의 1을 난징에서 대만으로 이송하였습니다. 이송된 소장품들은 1965년부터 현재의 고궁박물원에서 일반인에게 공개하기 시작하였습니다. 대만으로 건너온 소중품은 전체 4분의 1규모지만 특별히 선별을 하였기 때문에 베이징 고궁박물원의 소장품보다 높은 평가를 받습니다.

중화민국에 대하여

중화민국中華民國은 동아시아권에 속한 나라로 1955년 이후 대만(Taiwan, 타이완) 섬과 금마지구金馬地區만을 통치하고 있으며, 대만해협台灣海峽을 사이에 두고 중국 본토인 중화인민공화국, 일본, 필리핀과 접하고 있습니다.

1912년 중국 역사상 최초의 공화제 국가로 성립하여, 1928년 이후 중국의 거의 전 지역을 통치하고 있었으나 국민당의 중화민국 정부는 제2차 세계대전 후 중화인민공화국과의 국공내전에서 패배하여 1949년 중국대륙의 전 영토를 상실하고 대만 섬으로 후퇴하게 되었습니다.

대만 섬으로 밀려난 이후로도 중화민국은 '중국의 정통정부'로 자칭하면서 중화인민공화국을 정식국가로 인정하지 않았습니다. 그러나 1970년대에 들어와서 중화민국은 세계적으로 중국의 정통정부로 승인되지 못한 미승인 국가의 상황에 빠지게 되어 대외적으로 정식국명이 통용될 기회가 좁혀지게 되었습니다.

현재 대만을 승인하고 있는 나라는 23개국에 불과하지만 국제 사회에서는 '타이완'(대만, Taiwan)이라고 하는 '사실상의 독립국가'로 인정되면서 대만 또는 자유중국으로 더욱 잘 알려져 있습니다. 중화인민공화국은 대만 지역을 중국의 23개 성 중 하나로 보고 있으며,

따라서 중화민국을 정식 국가로 인정하지 않고 있습니다.

국제무대에서 중화인민공화국의 영향력이 급속히 증대되면서 대륙수복이 사실상 불가능해지자 분리독립을 주장하는 사람들이 생겨나면서, 중화민국(대만)의 정치무대는 대륙수복을 추구하는 세력과 독립을 추구하는 세력으로 양분된 상태입니다. 중화인민공화국은 대만이 독립을 선언할 경우 무력침공도 불사하겠다는 강경한 입장을 견지하고 있습니다.

중화민국의 공용어는 표준 중국어이지만 일상에서는 그 외에도 민남어閩南語나 객가어客家語, 중국 각지의 방언도 쓰고 있습니다. 또한 고산족도 나름대로 각각의 독자적인 언어를 사용하고 있습니다. 최근에는 중화민국의 정치 민주화를 반영하여 민남어가 매스컴 등에서 사용될 기회가 점점 많아지고 있으며 외국어로는 일본어와 영어가 가장 많이 쓰입니다.

중국의 하와이—해남도海南島

대만보다 다소 작은 중국 제2의 섬으로, 고대에는 경주瓊州라 불렀습니다. 섬의 중앙에서부터 남부에 걸쳐 산지가 있는데, 그 중앙에 해발 1,867m의 오지산五指山이 있고, 북부에는 평야가 펼쳐져 있는 형태입니다.

주민은 북부와 해안 지역에 한족漢族이 많으나, 오지산 주변의 중부 및 남부에는 이민黎民, 묘족苗族, 회족回族 등의 소수민족이 살고 있습니다. 남반부에는 해남이족묘족자치주海南黎族苗族自治州가 설치되어 있고 1988년 해남경제특구로 지정되어 현재 중국에서 가장 큰 경제특구로 알려져 있습니다.

5. 화하문명 및 중화민족

5.1 화하문명

중국문화의 또 다른 명칭은 중화문명과 화하문명인데 세계에서 가장 오래된 문명 중의 하나이며 세계에서 가장 끊임없이 지속된 문명입니다. 일반적으로 중화문명의 직접적인 근원은 세 가지가 있는데 즉, 황하문명, 장강문명, 북방초원문명이라 말하고 있습니다. 중화문명은 이 세 가지 지역의 문명을 교류, 촉진시키며 상호 융화의 역할을 한 매개체라 할 수 있습니다. 중국의 황하유역에서 농업문명이 일어나 역사의 각 시기를 거쳐 자연지리 요소의 영향을 받으면서 부단히 장강유역을 중심으로 번성해 나갔습니다. 다시 말하자면 장강유역의 농업문명은 황하유역 농업문명의 계승, 발전으로 이어진 산물입니다. 북방초원의 유목문명도 중화문명을 이루는 구성요소로, 황하유역의 농업문명과 북방초원유목문명 사이에는 일정한 접점지대가 있어, 이 지역범위 안에서 역사상 유목민족과 농업민족(주로 한족)이 수많은 쟁탈전을 벌이곤 하였습니다. 동시에 이 지역에서는 서로의 패권을 위한 다툼뿐만 아니라 두 문명이 직접적으로 교류하며 문화전파를 하기도 하였습니다.

그러나 근대에 들어와 삼성퇴유적三星堆遺址의 발견으로 전통적인 '장강유역문명이 황하유역문명의 계승과 발전'이라는 견해가 흔들리기 시작하였습니다. 즉, 중화문명의 근원은 다분화 된 문명에서 그 틀을 찾아야지 오직 단일한 황하유역문명에서만 중화문명이 생성되었다는 것은 잘못된 개념으로 이어질 가능성이 있습니다. 삼성퇴는 중화인민공화국 사천성四川省 성도成都 시에서 40km 떨어진 고고학적 유적지입니다. 삼성퇴에서 발굴된 유물들은 같은 시대에 알려진 중국 예술과는 완전히 다른 독자적인 예술 양식을 나타내 고고학자들을 놀라게 하였습니다. 삼성퇴는 청동기 시대 문화로 기원전 1200년경부터 고도의 청동기 제련기술을 보여 주며 약 1천년 동안 지속하다 갑자기 사라진 것으로 보입니다. 삼성퇴 문화는 같은 시대의 상商 나라(은殷 나라)와는 다른 방식의 청동 제조술을 발달시켰습니다.

삼성퇴 삼성퇴는 중화인민공화국 쓰촨성 청두시에서 40킬로미터 떨어진 고고학적 유적지입니다. 삼성퇴에서 발굴된 유물들은 같은 시대에 알려진 중국예술과 완전히 다른 독자적인 예술양식을 나타내 고고학자들을 놀라게 하였습니다. 삼성퇴는 청동기시대 문화로 기원전 1200년경의 고도의 청동기 제련기술을 보여주고 있습니다. 약 1천년 동안 지속하다가 갑자기 사라진 것으로 보이는 삼성퇴 문화는 같은 시대의 상나라(은나라)와는 다른 방식의 청동 제조 술을 발달시켰으나 놀랍게도 중국의 사가들은 삼성퇴 문화에 대한 직접적인 기록을 남기지 않아 유적 발굴 이전에는 그 존재가 알려지지 않고 있었습니다. 1929년 농부가 삼성퇴에서 논의 물길을 파다 우연히 옥기 여러 점을 발굴한 후 고고학자들이 그 부근을 여러 차례 조사했지만 별 소득이 없다가 1986년 우연히 두 개의 커다란 제물 구덩이를 발견하였습니다. 발견한 유물들은 고의적으로 파괴되고 불에 태워진 다음 구덩이 파묻힌 것들이며 당시에 발견된 고도의 축산기술의 존재도 학계의 관심을 끌기에 충분했지만 세계를 흥분시킨 것은 다량의 청동기 기물이었습니다. 대영박물관의 태스크 로즌(Task Rosen)은 시안의 병마용갱보다도 우수하다고 평가했을 정도입니다. 1997년에 유적지에 삼성퇴 박물관이 세워져 유물들을 한 자리에서 볼 수 있게 되었습니다.

유적에 나타난 삼성퇴 문화는 여러 시기로 나뉘는데 초기는 독립된 문화인 듯하고 그 뒤에는 고대 촉蜀나라 등 주변의 문화와 합쳐진 것으로 보입니다. 삼성퇴 문화는 규모와 유물의 내용면에서 황하문명이 중국 유일의 문명발생지라는 기존의 학설을 반증하는 가장 강력한 증거로 고대 촉蜀나라와 파巴나라 지역에 발달한 문명을 가리키는 '사천 문명'이라고도 합니다.

중국의 지역은 상당히 광활하며 각지의 문화까지 수천 년을 거쳐 발전해왔기 때문에 각각의 소수민족들은 나름대로의 구분되는 지방 특색을 갖고 있기도 하지만 동시에 중화문화의 공통성도 지니고 있습니다.

5.2 중화민족 및 소수민족

중화인민공화국의 공식적 정의에 의하면, 중화민족은 한족과 55개 소수민족을 포함하여 모두 56개 민족으로 구성되어 있습니다. 이 외에도 몇 개 의 알려지지 않은 민족들도 있지만 아직 공식적으로는 인정받지 못하고 있습니다.

'중화민족'이란 단어는 장태염章太炎이 최초로 사용하였고 뒤이어 양계초梁啓超가 '중화민족'의 개념을 정립시켰습니다. 원세개袁世凱는 처음으로 '중화민족설中華民族說' 즉, 한족만을 지칭하는 '중화민족'을 말하였지만 이후 손문孫文이 원세개의 '중화민족설'을 수정하여 국민의 구심점을 모으기 위해 한족, 만주족, 몽고족, 회족, 장족 등의 민족들을 포함한 새로운 중화민족의 개념을 만들었습니다. 청 대 이전에는 소위 '화이華夷'의 관념만 있을 뿐 '중화민족'의 개념은 거의 없었고, 그 당시 '중국'의 관념도 20세기 이후 '중국'의 관념과 차이가 많습니다.

중화민족은 비록 '민족'이라는 표현을 쓰지만 사실상 '국족國族'과 더 가깝습니다. 왜냐하면 소위 중화민족은 중국 내 각 민족의 통칭으로 중국 내 다민족 간에 각각의 종교, 언어, 문화, 풍속과 전통이 일치하지 않아 만약 '민족'으로 이해한다면 정확하지 않기 때문입니다. 그러나 현재로는 중화민족의 범위는 이미 중국 내의 모든 민족을 포함하고 있으므로 의미상 실질적으로 한족이 주도하는 중국인으로 통합니다.

한족漢族 및 소수민족

한족은 중국의 대다수를 차지하는 주요민족이며 전 세계 인구비율이 가장 높은 민족입니다. 지금까지 한족인구는 약 13억인데 전세계 인구의 19%를 차지하며 세계 각지에 분포하고 있습니다. 한족은 중국대륙, 대만, 그리고 홍콩, 마카오 등에 가장 많이 거주하며 동남아와 북미에도 많은 수가 있습니다. 현재 소위 '대중화 지역'이라 일컫는 중국대륙, 홍콩, 마카오와 대만 그리고 해외의 싱가포르, 말레이시아의 빈성(Pulau Pinang, 檳城), 호주의 성탄도(Christmas Island, 聖誕島) 등의 지역에 살고 있는 주체主體 민족은 한족입니다. 한족인구의 99% 이상이 '대중화 지역'에 분포하며 그 중에서 중국대륙의 한족인구가 92%를 차지합니다. 대만의 한족은 인구의 98%를 차지하고, 홍콩과 마카오의 한족도 각각 95%, 97%를 차지합니다. 싱가포르, 성탄도와 빈성의 한족은 현지의 주체민족으로 각각 인구의 77%, 70%, 56%를 차지하는 등 한족은 세계 많은 나라에서 일정 인구를 구성하는 주요민족이라 할 수 있습니다.

한족의 주체主體인 화하족華夏族의 역사는 기원전 약 5000년경부터 황하유역에서 기원하여 점차 발전되어 가며 모계와 부계 씨족사회의 단계를 거쳐 신석기시대에 들어갔습니다. 기원전 2700년 현재 섬서陝西 중서부 지역에 있었던 희姬씨 부락의 수령인 황제가 있었고, 그 남쪽에 강姜씨 부락의 수령인 염제炎帝가 있었습니다. 양쪽은 크고 작은 충돌을 하다 결국 판천阪泉에서 전쟁을 일으켜 황제가 염제를 정복한 이후 두 부락은 연맹을 맺게 되어 이때 화하족華夏族의 전신이 나타났습니다.

기원전 2000년 계啓가 하조夏朝(하 나라)를 세운 이래 연이어 상조商朝(상나라)와 주조周朝(주나라)가 세워져 주周나라 때부터는 나라 내의 각 민족과 부락들의 융화가 이루어지고, 활동범위도 황하유역에서부터 점차 회하淮河, 사수泗水, 장강長江과 한수漢水유역으로 확대되었습니다. 이 시기에 화하족華夏族이 모습이 만들어지면서 오늘날 한민족漢民族의 전신이 되었습니다. 그러나 이때까지도 소위 '華夷화이'의 관념은 뚜렷하지 않았습니다.

춘추시대春秋時代에 들어와 화하민족과 주변 민족 그리고 여타 부락과의 진일보 된 융화가 이루어져 원래 화하족華夏族에 속하지 못했던 민족인 진秦과 초楚를 점차적으로 한족으로 받아들였습니다. 전국시대에 이르러 각 화하 제국 간에 정벌을 위한 전쟁이 계속적으로 이어지면서 이때를 틈타 중원中原 지역으로 들어간 이夷, 만蠻, 융戎, 적狄들도 점점 화하족과 섞이면서 융화가 되어 어느 정도 안정된 민족의 모습이 형성되었습니다. 이 때 화하족의 활동지역도 요하遼河 중하류 지역, 도하洮河 유역, 사천분지四川盆地, 강남江南 등의 지역으로 확장 되었습니다.

진시황秦始皇은 중국을 통일하여 진秦 나라를 세웠고, 이후 한漢

나라가 세워지면서 그때까지 약 400년간 중국의 영토가 제일 광활하였습니다. 이 시기에 여러 민족들이 차츰 한화漢化 되었고 한족 인구의 대부분은 황하黃河, 회하淮河 유역에 집중되어 있었습니다. 서진西晉시대 말부터 한족인구는 서서히 장강長江, 주강珠江, 그리고 중국 남동부로 대규모 이동하여 명청明淸 때에 이르렀을 때에 남방 한족인구는 이미 북방 한족인구를 초월하였습니다. 이후 한족의 지도부는 한족들이 만주인들이 사는 중국 동북지역으로 진출하는 것을 한동안 금지하다 청말淸末에 와서 허용하여 많은 산동성의 한족이 동북지역으로 이주해 그 지역이 주요 구성원이 되었습니다. 명나라 때부터 한족은 동남아시아로 이민을 시작하였고 19세기를 넘어서면서 유럽과 북미로 이민을 가기도 하였습니다.

만주족

현재 중국에 약 1,068만 명이 살고 있는 만주족은 중국말로 만족이라고 합니다. 중국 내 55개 소수민족 중의 하나인 만주족은 만주, 현재 중국 동북부의 요녕성, 길림성, 흑룡강성에서 발생한 퉁구스계 민족입니다. 여진족의 후신으로, 여진족이 세운 금나라를 다시 세운다는 뜻으로 후금(청나라)을 건국하였습니다. '만주'라는 한자는 만주어의 민족명 Manju에서 빌려온 음입니다. 만주족은 대대로 동북지역에 살았으나 여러 가지 역사적인 원인으로 지금은 거의 전국 각지에 분포되어 있습니다. 과거에는 만주어를 일상어로 사용하였지만, 청나라 시대에 진행된 민족문화의 한족화漢族化로 인해 현재 만주어의 사용 인구는 극소수로, 거의 모두 중국어를 사용합니다. 현재 신강 웨이우얼 자치구에 거주하는 소수민족인 시버족은 건륭제 시대에 원정군으로 참가하여 정착한 만주족의 후예지만, 스스로 만주족과는 다른 별개의 민족으로 간주합니다. 만주족은 자신의 언어와 문자도 있는데 만주족의 문자는 몽고문자를 수정해서 만든 것이며 현재는 일부 학자들만이 만주어와 만주문자를 사용할 수 있고 대다수 만주족들은 거의 자신의 언어와 문자를 모르고 있습니다. 그렇지만 중국 동북과 북경 지방의 방언은 만주어에 의해 많은 영향을 받고 형성된 어휘들이 여러 개 있습니다. 만주족은 자신들만의 풍습이 따로 있으며 그 중에서도 개고기를 가장 싫어하고 개를 때리지도 않는데 이것은 만주족의 견토템犬圖騰 숭배와 관련이 있습니다. 전형적인 만주족 사람의 얼굴은 두 눈이 비교적 가깝고 직사각형의 얼굴 형태와 곱슬머리가 많습니다. 만주족 남자의 전통의상은 장포長袍에 마고자를 입은 형태로 과거 말을 타야 하는 기마민족에 편리하도록 만들어진 것입니다. 여성의 전통의상은 옷깃이 높고 치마는 터져 있는 긴 원피스인 기포旗袍로써 현재는 대중화되어 한족도 많이 입습니다.

만주족의 종이 수공예

몽고족

몽고족은 몽고 민주 공화국의 인구를 이루는 가장 큰 네 개의 민족 가운데 하나이며 동북아 주요 민족 중 하나입니다. 몽고족 인구의 대부분은 주로 중국 내몽고 자치구와 신강 등의 지역에서 집중적으로 살고 있습니다.

전 세계의 몽고족 인구는 약 1,000만 명으로 언어는 몽고어를 사용하고 있으며 중국 내의 몽고족은 중화인민공화국의 소수민족 가운데 하나로 봅니다. ≪구당서舊唐書≫에는 몽고와 관련된 기록이 있는데 '몽고'란 몽고어로 '영원히 변하지 않은 불꽃'이라는 뜻입니다. 고대로부터 몽골 초원에는 흉노, 돌궐 등 여러 유력한 유목 민족들이 나타났다 사라지곤 했습니다.

1206년 징기츠칸이 등장해 몽골 초원을 통일하고 역사상 최대의 대제국을 건설했습니다. 그 후 14세기 말에 몽골 제국이 몰락하자 몽골 초원에는 다시 여러 부족들이 나타났습니다.

명나라에 이어 중국을 지배한 청나라의 강희제는 몽골의 세력을 견제하기 위해 몽골을 내몽골과 외몽골로 분리시켰습니다. 이후 내몽골은 중국과 호흡을 같이하고 외몽골은 중국에서 신해혁명이 일어난 1911년에 신정군주제로 독립을 선언하였습니다.

몽골인의 주된 종교는 티베트 불교로 역사적으로는 티베트와 관계가 깊으나 1992년 선거로 민주화된 이후 개신교가 선교사들에 의해 유입되고 있으며, 그 이전부터 러시아의 영향으로 정교회 신자들도 다수 있었습니다. 대부분의 몽고족 사람들은 인종적으로는 한국인과 같은 황색인으로 몇 가지 유전 형질의 경향이 일치하고, 몽골어와 한국어는 문법적으로도 많이 유사합니다.

몽고족의 전통건축은 몽고포蒙古包라 하고 요리로는 몽골전통요리를 즐겨먹는데 몽골의 토속음식은 부재료를 첨가하지 않은 양고기 요리가 대부분입니다. 시골로 들어갈수록 이러한 요리가 많으며 도시에서는 몽골의 토속 음식인 고기만두인 '부즈'를 판다는 간판이 흔해 쉽게 접할 수 있습니다. '부즈' 외에도 다른 고기만두로는 물에 끓여 만드는 '반쉬'나 양고기를 구워 만든 요리도 있습니다.

짙은 색 부분은 현재 몽고족이 살고 있는 지역이며 선으로 그려진 구역은 몽고제국 전성기 때의 영토입니다.

회족回族

회족은 중화인민공화국 소수민족 중 하나로, 중국 최대의 무슬림 민족 집단입니다. 회족 사람들은 언어와 형질 등이 한족과 동일하지만 종교는 이슬람교를 믿고 있습니다. 중국 전 국토에 넓게 퍼져 살고 있으며 인구는 약900만 명으로, 중국에 사는 이슬람교 인구의 대략 절반을 차지합니다. 회족은 대외 무역이 성했던 당나라에서부터 원나라 시대에 중앙아시아와 인도양을 경유해 건너 온 아랍계, 페르시아계의 외래 무슬림과 그들과 통혼하여 개종한 재래의 중국인(주로 한족)에서 기원합니다. 회족의 의사결정 장소로는 모스크(중국어에서는 '청진사淸眞寺'라고 표기)가 있으며 성자의 묘를 가지는 경우도 있습니다. 언어는 중국어를 사용하지만, 이슬람과 관련된 용어는 아랍어, 페르시아어, 투르크어에서 유래된 어휘들을 사용합니다. 성명은 한족과 차이가 나지 않지만 예언자 무하마드의 이름으로부터 취한 '마馬'씨 성을 대부분 흔히 볼 수 있다는 것을 알 수 있습니다. 회족은 한족 등과 함께 살면서도 이슬람식에 따른 생활을 하여 한족과는 식습관이나 관혼상제 등의 습속을 크게 달리하고 있어 이 차이가 회족이라는 별개 민족으로서의 정체성을 유지시키고 있습니다.

중국의 회족은 주로 영하寧夏 회족 자치구에 모여 살고 있습니다. 회족의 음식문화는 많은 기피와 원칙이 있는데 대부분은 이슬람교에서 기원하는 것들입니다. 예를 들면 돼지고기, 피, 그리고 이미 죽은 동물고기를 먹지 않습니다. 뿐만 아니라 만약 요리 기구에 금기되는 음식이 묻으면 그 요리 기구는 절대 사용하지 않습니다. 말을 할 때도 '살殺'자를 쓰지 않고 '재宰'자로 대신 사용합니다. 회족은 주로 양고기 요리를 즐겨먹으므로 양고기 요리는 다양하게 발전하였습니다.

티베트족(藏族)

전경轉經 티베트 사찰 근처에서 흔히 볼 수 있는 장면 중의 하나는 바로 '전경'하는 할머니들입니다.

티베트족은 주로 히말라야 산맥과 티베트 고원에 거주하는 아시아의 민족입니다. 중국말로는 '장족藏族'이라고 부르며, 한국에서는 한자어로 서장족이라 부르기도 합니다. 주로 티베트 고원에 살며, 티베트 고원에 있는 서장 티베트 자치구, 운남성, 신강 위구르 자치구, 청해성, 사천성 등에 분포되어 있고 이 밖에도 히말라야 산맥에 있는 인도, 부탄, 네팔, 미얀마 등의 국가들에도 티베트족이 살고 있습니다. 중국정부의 인구정책으로 한족은 자녀를 기본적으로 한 명, 일반 소수민족은 두 명을 낳을 수 있지만 3,000m 이상의 산지나 고원에서 사는 티베트족은 세 명까지 낳을 수 있습니다.

티베트족은 스스로 'bod-pa'라 말하고 있으며 한어의 명칭인 '장藏'은 티베트어 gtsang에서 기원합니다. 티베트족은 자신의 고유한 언어와 문자를 가지고 있으며 역사적으로 불교가 흥성하여 이와 관련된 우수한 건축물들이 많아 티베트족의 높은 건축예술을 볼 수 있습니다.

장족壯族

장족은 중화인민공화국 최대의 소수 민족으로 광서성 장족 자치구에 주로 살고 있습니다. 인구는 약2,200만 명으로 한족 다음으로 많습니다. 장족의 언어는 한장어계 장동어壯侗語족이고 남과 북의 양대 방언으로 나눌 수 있습니다. 1955년 라틴어 모음을 기초로 하여 장문을 만들었습니다. 장족의 도시인구는 많지 않아 전반적으로 장족인들은 장족말을 사용하고 있고 젊은 사람들은 한어를 배우기도 해 두 가지 언어에 능숙한 사람들이 많습니다. 현재 중국 인민폐에도 장족의 문자를 일부 볼 수 있습니다. 장족의 전통의상은 진한 푸른색이며 머리를 싸서 다니는 풍습이 있습니다. 전통건축은 난간식인데

나무로 만든 2층 건축이며, 위에는 사람은 살고 아래층은 가축을 기르는 용도로 사용됩니다.

5.3 중국 소수민족에 관한 문제

중국은 주류민족인 한족과 중국정부가 공식적으로 인정하는 55개의 소수민족이 함께 공존하는 다민족 국가입니다. 중국은 한족의 이미지가 워낙 강하여 일반적으로 한족의 나라로 인식되고 있지만, 중국 내부적으로 55개 소수민족이 차지하고 있는 비중과 의미는 외부에서 생각하는 것보다 훨씬 크다고 할 수 있습니다. 중국 내 소수민족 자치구역은 중국 전체 국토면적의 약 64%에 달하며, 산림자원과 전략적인 광물자원을 포함한 주요 자연자원의 상당수 또는 대부분이 바로 소수민족 지역에 소재하고 있습니다. 현재 중국정부가 21세기 초강대국으로 부상하기 위하여 추진하는 경제 분야 현대화 사업의 달성을 위하여 이러한 소수민족 지역의 자원을 적극적으로 이용하고 있는 상황은, 중국 정부가 현실적으로 소수민족 문제를 주시할 수밖에 없는 주요 이유 중의 하나라 볼 수 있습니다.

20세기 후반에 세계패권을 다투던 거대 제국 소련연방이 발트해 연안의 소수민족 자치공화국의 분리 독립 문제가 발단이 되어 결국 짧은 시간에 소련연방 전체의 붕괴로 이어져 국제정치의 구도와 세계사의 흐름까지도 전환되었던 최근의 역사는, 과거 소련과 비슷한 다민족 국가인 중국의 소수민족 현실과 이에 따른 문제를 이해하는 데 필요한 또 다른 중요한 시각이 될 수 있을 것입니다.

중국역사에 나타난 민족의 수는 약 140여 종족에 달하였지만, 수

천 년 동안의 동화과정 속에서 현재까지 남아 생존하고 있는 민족은 한족 이외에 55개의 소수민족이 남아 있습니다. 중국은 오랫동안 주변을 둘러싸고 있는 이민족과의 전쟁과 화친이라는 관계 속에서 발전해 왔기 때문에 이민족과 부대끼며 살아온 경험이 많아, 이런 경험을 바탕으로 민족문제에 관해서는 개방적인 사고를 가지고 있습니다. 소수민족 사람들은 주로 중국의 서북부와 서남부 그리고 동북지역에 살고 있는데, 다섯 개의 소수민족 자치구와 서른 개 자치주 그리고 116개의 자치현自治縣으로 구성되어 있습니다. 이들 지역은 자원이 풍부하고, 중국의 변방지대에 있다는 중요성 때문에 자치권을 부여하여 한족과의 동화를 시도하고 있습니다.

소수민족 고유의 풍속습관 및 종교 신앙을 허용하여, 한 자녀만 낳도록 강제하는 한족에 대한 강력한 인구정책과 달리, 소수민족에게는 인구제한 정책을 쓰지 않고 있습니다. 자치구역으로 한족을 이주시켜 중국화하는 정책도 꾸준히 병행하여 현재 티베트 지역을 제외한 한족의 인구 비율이 절반을 넘어서고 있어 소수민족의 인구는 계속 줄어들 가능성이 많습니다. 소수민족과 한족이 결혼하여 자녀를 낳았을 때, 그 자녀는 한족과 소수민족 중에서 선택할 수 있기 때문에 주로 한족을 선택하게 됩니다. 소수민족보다는 중국의 전통 민족인 한족이라는 신분을 취득하는 것이 앞으로의 생활에 유리하다고 판단하기 때문입니다.

이렇게 다양한 민족들로 구성된 국가의 안정된 통일을 유지하기 위해서 중국은 모든 민족의 평등이라는 이념을 기반으로 하여 잘 짜여진 소수민족정책을 실시하고 있습니다. 그러나 이러한 보장에도 불구하고 소수민족 지역은 단지 명목상의 자치지역일 뿐입니다. 왜냐하면 한족은 실질적으로 소수민족 출신에게는 최종적인 통제를 가하기 때문에 소수민족이 중앙정계에 진출하기는 과히 쉽지 않기 때문입니다.

중국 내 소수민족의 현실과 이에 관련된 문제는 향후 21세기의 강대국을 지향하는 중국에 있어 매우 핵심적인 요인으로 작용할 것으로 예상됩니다. 아울러 지정학적으로 중국대륙과 인접할 수밖에 없어 안보, 경제, 문화 등 다방면에 걸쳐 밀접한 관계를 가질 수밖에 없는 한국은 중국 내 소수민족의 현실과 중국의 내부사정에 대한 이해는 물론, 한중 관계 및 동아시아 국제정치 차원에서 깊은 관심을 갖고 살펴보아야 할 주요 과제의 하나인 것입니다.

6. 중국인이란 무엇인가?

6.1 화인 화예 대만인 그리고 Chinese

중국인이란 단어는 여러 의미를 가지고 있으며 일반적으로 개괄적인 개념으로 이해됩니다. 각 상황과 입장에서 보면 서로 다른 정의가 있으나 여기서는 더 명확하게 '중국인'이란 호칭에 대하여 설명하고자 합니다.

중국인이란 호칭을 정의할 때는 지리적 인종적 종족적 국가적 법률, 심지어 정치적 입장에 따라 의미를 정할 수 있으며, 본인의 가치관과 주변인들의 인정도 중요합니다.

지리적 개념으로 정의하면, 중국대륙에서 태어난 사람이나 거주자들을 통틀어 중국인이라 지칭합니다. 인종人種개념으로 정의하면, 주로 중화민족 혈통을 갖춘 자들 예를 들어 한족과 중국의 소수민족들을 포함한 사람들을 중국인이라 합니다. 종족宗族개념으로 정의하면, 중화민족 혈통 성분의 정도와 아무 관계없이 단지 중화민족 혈통만을 가지고 있다면 일반적으로 '화인華人' 혹 '화예華裔'라 지칭합니다. 따라서 화인이나 화예는 필히 중국 국적을 갖추어야 하는 것은 아닙니다. 오래 전 해외로 이민 간 화인들은 대다수 중국(중화민국 대만)의 국적을 보유하고 있으며, 동시에 외국 국적을 취득한 사람들은 스스로를 화인 혹은 당인唐人이라 여길 뿐 중국인이라 하지는 않습니다. 국적이나 법률 개념으로 구별하면 중화민국과 중화인민공화국 모두 '중국'으로 인정되고 있으며, 둘 중 하나의 국적만을 갖고 있다 해도 법률상 모두 중국인이라 지칭합니다. 그 밖에 정치적 입장에서 보면 '중국은 하나(一個中國)'라는 개념과 중국은 하나이며 각각을 대표한다(一中各表)' 혹은 '두 개의 중국(兩個中國)'이 있지만 중화민국과 중화인민공화국 양국이 다 중국인이라는 사실은 일치합니다. 그러나 만약 '한 지역 한 국가(一邊一國)' '특수양국론特殊兩國論' 이념을 따르면 중화인민공화국 인민들만이 중국인이고, 중화민국의 한족은 단지 대만인이나 화예 신분의 대만인으로서 양국의 관계는 근본적 계통체계를 달리하게 됩니다.

종족 개념에서 '화인'은 '중국인'과 상통하지만 일반적으로 이 둘은 현격한 차이가 있습니다. 화인은 일반 의미상의 한족을 가리키는 것이지 전부 중국의 민족을 지칭하는 것은 아닙니다. 보통 동남아와 세계 각지에 거주하는 화인 혈통이나 혈연을 가지고 있는 사람들은 자신을 중국인이라 말하지 않으며 스스로 화인이라고 부릅니다. 화인은 중국대륙, 홍콩, 마카오(중화인민공화국 인민), 대만인(중화민국 국민)과 해외 화인들을 포함합니다. 예를 들어 싱가포르, 말레이시아, 인도네시아 화인들은 자신들이 중국인이 아니라고 강조합니다.

또한, 대만 독립운동 지지자들은 자신이 '대만인'이라고 여기며 '중국인'이란 호칭에 대하여는 거부를 표시함으로써 정치적 입장을 확실히 구별하고 있습니다. 그러나 대부분의 대만 독립운동 지지자들은 자신이 화인이라는 사실은 부인하지 않습니다. 조사에 따르면 현재 대만에서 거주하는 대다수의 사람들은 자신이 대만인이라 여기는 것도 있고, 자신이 중국인이라 여기는 사람도 있습니다. 그 가운데 일부분 '중국'이 곧 '중화인민공화국'이라 생각하는 사람들은 스스로 '중국인'으로 인정하지 않고 일반적으로 그들은 화인이라 생각하고 있습니다. 일부 연구에 의하면 대만에서는 새로운 국가의식 즉 대만국민이라는 의식의 발로로 스스로 자신이 중국인이라고 인정하는 경향은 갈수록 감소하고 있는 것으로 밝혀졌습니다.

서양에서 일반적으로 말하는 소위 Chinese는 주로 한족을 지칭합니다. 중국의 소수민족들, 예를 들면 몽고족, 위구르족, 티베트족 등은 자신들이Chinese라 생각하지 않습니다.

6.2 대륙인과 대륙매

중국인 가운데 '대륙인'이란 호칭이 따로 있습니다. 한자로 해석하면 소위 대륙인은 대륙에서 온 사람이며 중국어에서 일반적으로 중국대륙에서 생활하고 있는 자, 혹 옛날에 중국대륙에서 거주했던 자들을 지칭합니다. 현재 대만, 홍콩이나 해외 화인지역에서 '대륙인'이란 어휘를 흔히 사용하고 있습니다. 1970년 이후 홍콩에서는 흔히 중국대륙에서 온 신 이민移民을 지칭하기도 합니다.

홍콩이 중국으로 반환 된 이후 언론매체들은 '중국대륙'이란 명칭을 '중국내지'라고 개칭하여 '대륙인'을 '내지인'이라고 바꿔 부르게 되었습니다. 현재 '대륙인'이란 단어는 언론에 거의 나오지 않지만 일반인들, 특히 대만사람들 사이에서는 여전히 사용되고 있습니다.

대륙매大陸妹

'대륙매'라는 호칭은 보통 홍콩, 마카오, 대만의 세 지역에서 사용하는데, 중국대륙에서 나와 위의 세 지역에 가서 일하고 생활하는 젊은 여성들을 가리킵니다. '대륙'은 중국대륙을 지칭하고 '매'는 소녀나 젊은 여성을 뜻합니다.

이 어휘는 원래 중성적 성격을 가진 단어인데 역사적 원인으로 인해 지역적 차별이 포함되어 있습니다. 홍콩 여배우 유가영劉嘉玲은 홍콩 연예계에서 20년 동안 활동하면서 늘 '대륙매'란 명칭에 시달렸다고 밝힌 적이 있습니다. 중국대륙의 개혁개방 후 전반적으로 국제사회에 준 이미지는 활발한 경제활동을 제외하고는 모든 것이 초기단계에 불과하기 때문에 이러한 호칭이 생겼다고 할 수 있습니다. 1980년대 중국의 개혁개방 이후 일부 중국의 젊은 여성들은 대만 유흥업소에서 성매매를 하여 대만의 성매매 시장에 큰 충격을 주었습니다. 이로 인해 대만의 성매매 시장에서는 중국대륙 출신의 성매매 여성을 '대륙매'라고 부르며 대만 본토의 성매매자와 구별 하였습니다. 그렇지만 일상생활 속에서 '대륙매'란 명칭은 중성 어휘에 불과하고 부정적인 의미가 없다고 생각하는 사람들도 많습니다.

당인가唐人街, 차이나타운, Chinatown '당인가'는 양안삼지 이외의 기타 나라 도시의 화인 거주 지역을 지칭합니다. 역사적인 요인이나 특수한 사정으로 인하여 동아시아, 동남아와 북미에서 흔히 볼 수 있습니다. 당인가는 최초로 19세기 미국과 캐나다에서 형성되었는데 당시 차별적인 법규 때문에 화인 등 유색인종들에게는 현지 토지매매가 금지되었습니다. 따라서 제1세 회인이민의 경우 집중거주지역이 형성되어 당인가의 화교들은 그곳에서 주로 식당과 세탁소를 운영하였습니다.

6.3 외성인과 본성인

소위 '외성인'을 한자로 해석하면 성 밖의 사람을 뜻합니다. 지역에 따라 가리키는 대상도 달라서 예를 들면, 광동성廣東省과 홍콩 지역에서는 '외성인'이란 어휘가 광동성 이외의 광범위한 집단을 가리킵니다. 대만에서는 국공내전 후 중화민국 정부를 따라 대만으로 온 중국대륙 각 성의 인민들을 지칭합니다. 중국의 다른 지역에서도 이 어휘를 사용하고 있지만 여기에서는 주로 대만 지역의 '외성인'을 중심으로 말하고자 합니다.

대만은 예전에 중국의 많은 성 중의 하나이며 '대만성'이라 불렀는데 현재 대만에서는 '성'을 제외시키고 '대만'이라고 부르고 있습니다. 그렇지만 '외성인'이라는 명칭은 아직도 대만에서 습관적으로 사용하고 있습니다. 소위 '외성인'이란 1945년 대만의 광복 이후 대만으로 들어온 중국대륙 각 성의 인민들을 가리킵니다. 특히 1949년 이후 국공내전에서 패하여 국민당 정부를 따라 대만으로 이주 해온 대륙 인사들을 가리키고 대만 본성 내의 원주민인 '본성인'과 구별됩니다. 현재 외성인의 수는 본성인과의 통혼으로 정확한 인구수는 산출하기 어렵고, 일반적으로 대만 현재 인구의 약 13~15%를 차지한다고 보고 있습니다.

대만의 외성인들에게는 또 다른 호칭인 '토란'이 있습니다. 2차 대전 후 대만에 쌀이 부족하여 대만의 본성인들은 주로 고구마를 주식으로 삼았습니다. 이 때문에 대만의 본성인들에게는 '고구마'라는 별칭이 붙어 있고 토란을 주로 먹은 외성인들은 '토란'이란 별칭으로 불리고 있습니다. 사실 '토란'은 대만의 토종식물이고 고구마는 외래작물이지만 이와 관계없이 당시 각자의 주식에 따라 이러한 호칭이 생기게 된 것입니다.

일반적으로 대만의 외성인들은 대대적으로 국어, 즉 중국어를 사용하였고 같은 지역출신의 지인들과는 방언을 쓰기도 하였습니다. 외성인과 달리 본성인 한족은 민남어閩南語와 객가어客家語를 주로 사용하였으며, 여러 고산족 원주민들은 그들만의 민족 언어를 사용하였습니다. 대만의 일본식민통치 기간에 고산족들은 한때 일본어를 그들의 공용어로 삼은 시기도 있었습니다.

중화민국 정부가 대만으로 들어온 후 한 동안 공개적인 장소, 예를 들면 학교, 정부, 법원, 군대 등에서는 방언의 사용을 금지한 적도 있었습니다. 이 때문에 외성인은 언어 면에서 유리한 위치를 가지고 다양한 활동을 한 반면에 본성인은 방언사용의 금지로 취직이나 취학 등에 있어 불리한 처지에 놓였습니다.

그렇지만 현재 대만의 상황은 반대로 변하는 추세여서 외성인의 대륙식 말투는 특정 장소에서 불리한 요인이 될 수도 있습니다. 또한 일부 정당과 가족사업계 내에서는 민남어를 요구하며 표준중국어만을 사용하는 것은 정당하지 않다고 주장합니다. 본성인의 젊은 세대는 정규학교교육을 받아 일반적으로 표준중국어를 잘 사용하고 있으며 또한 민남어도 구사할 수 있으므로 대만은 다언어 지역이라고 할 수 있습니다.

생각의 코너

중국은 선진국인가? 강대국인가?

'중국은 선진국인가? 강대국인가?' 문제에 대하여 우리는 일반적으로 중국은 선진국이 아니고 강대국이라 말하지만 여기에서 또한 여러 문제점들을 생각해 볼 수 있습니다. 중국이 선진국인지 강대국인지 말하기 이전에 우선 선진국과 강대국의 정의를 살펴보고자 합니다.

선진국(developed countries, 先進國)이란 고도의 경제 발전을 이룬 나라를 의미합니다. 대부분의 선진국은 지구의 북반구에 위치하고 있기 때문에 남반구의 개발도상국의 문제를 남북문제라고도 합니다. 최근에는 전통적인 경제지표 이외에도 인간개발지수 등을 이용하여 한 나라의 발전뿐 아니라 그 나라가 선진국인지 아닌지의 판단기준을 삼고 있기도 합니다.

유엔 인간개발지수는 0.8이상을 선진국으로 판단하지만, 인간개발지수 0.8~0.89까지의 국가들은 대부분 과거의 제2세계(구 동구권)이므로 0.9 이상의 국가만을 선진국으로 판단합니다. 소위 인간개발지수(人間開發指數, Human Development Index, HDI)는 유엔개발계획(UNDP)이 각 국가의 실질국민소득, 교육수준, 문맹율, 평균수명등을 여러 가지 인간의 삶과 관련된 지표로 조사해 각국의 인간 발전 정도와 선진화 정도를 평가한 지수입니다. 일반적으로 HDI가 0.900점 이상인 국가를 선진국으로 보고 있습니다.

또 다른 판단 기준으로, EIU 삶의 질 조사의 생활표준에 대한 연구에 따르면 삶의 질 상위국의 순위는 다음과 같습니다. "아일랜드, 스위스, 노르웨이, 룩셈부르크, 스웨덴, 오스트레일리아, 아이슬란드, 이탈리아, 덴마크, 스페인, 싱가포르, 핀란드, 미국, 캐나다, 뉴질랜드, 일본, 홍콩(중화인민공화국의 특별행정구), 포르투갈, 오스트리아, 중화민국(대만), 그리스, 키프로스, 독일, 슬로베니아, 몰타, 영국, 대한민국의 "순으로, 위는 The Economist Intelligence Unit's quality-of-life Index를 바탕으로 나열한 것입니다.

영국 이코노미스트지의 계열사인 EIU는 전 세계 111개국을 대상으로 삶의 질에 관한 의미 있는 조사를 하였습니다. 이 조사는 전 세계 111개국을 대상으로 성 평등・자유도・가족・공동생활의 수준과, 소득・건강・실업률・기후・정치적 안정성・직업 안정성에 대해 각각의 종합점수로 순위를 매긴 것입니다. 선진국으로 분류하는 기준은 굉장히 모호하지만 일반적으로 과거 제1세계로 분류되는 서방국가는 인간개발지수가 0.900 이상으로서 1인당 GDP가 높으며 국제기관(OECD, IMF, 세계은행) 또는 국제사회로부터 발전된 국가로 분류되어 있습니다.

그러나 소득이 높더라도 산업이 발전하지 못한 자원부국 등은 선진국으로 인정하지 않습니다. 국제통화기금(IMF)과 세계은행 및 미국 중앙정보국에서 공통적으로 선진국으로 분류되는 국가는 모두 33개국이 있으며, 그 가운데 중국은 속하지 않고 홍콩, 마카오, 그리고 중화민국(대만)이 들어가 있습니다. 그런데 미국 중앙정보국(CIA)의 또 다른 The World Fact book에서는 중화민국과 홍콩은 제외되어 있습니다.

위 설명에 따라, 전통적 경제지수는 물론, 인간개발지수와 EIU 삶의 질 조사에 의하면 중국은 아직 선진국에 속하지 못하였습니다. 강대국이란 개념은 일반적으로 사람들의 인식 속에 늘 군사력의 우위에 달려있지만 더 정확하게 말하자면 소위 강대국은 역사적인 의미 또한 포함하고 있습니다.

강대국

소위 강대국(powerful countries, 强大國)은 역사적으로 정치력이 강하고, 문화와 경제의 영향력이 이웃하는 다른 나라와 전 세계에까지 퍼져 나가는 나라이면 어느 나라나 강대국이라는 용어를 사용할 수 있습니다.

대국大國이나 강국强國 또는 복수형으로 열강列强이라고도 부릅니다. 미국과 러시아(구 소비에트 연방)와 같이 전 세계적으로 막대한 영향력을 가진 국가를 초강대국超强大國이라 부르기도 합니다.

오늘날 강대국의 지위를 공개적으로 보증하는 국제연합 내 기관으로는 미국 뉴욕에 본부를 두고 있는 '국제연합 안전보장이사회의 상임이사국'이 있습니다. 국제연합 안전보장이사회(United Nations Security Council, UNSC)는 국제연합의 한 기관으로, 회원국의 평화와 안보를 담당하고 있는데 국제연합의 다른 기관들이 회원국 정부에 대해 조언(recommendation)만을 할 수 있는 것과 대조적으로, 안전보장이사회의 결정은 국제연합헌장에 의거해 회원국들이 반드시 따라야 하는 규정이 있습니다. 안전보장이사회는 상임이사 5개국과 2년 임기의 비상임이사 10개국을 합하여 총15개국으로 구성되어 있습니다. 상임이사국은 러시아, 미국, 영국, 중화인민공화국, 프랑스로, 제2차 세계대전 승전국들을 중심으로 이루어졌습니다. 1971년 10월 국제연합총회 2758호 결의안으로 중화인민공화국이 중화민국을 대신해서 상임이사국이 되었습니다. 1991년 소련이 해체된 이후에는 러시아가 그 자리를 이어받았습니다.

비상임이사국의 임기는 2년이며 UN 총회에서 지역적 균형을 감안해 선출됩니다. 아프리카와 중남미, 아시아에서 두 자리, 동유럽에서 한 자리, 서유럽과 그 외의 나라에서 두 자리를 배정 받습니다. 남은 한 자리는 아시아와 아프리카에서 교대로 선출됩니다. 가나, 슬로바키아, 카타르, 콩고 공화국, 페루는 임기가 만료되었고 2008년 1월 1일을 기해 새로운 비상임이사국의 임기가 시작되었습니다. 새로운 비상임이사국으로는 남아프리카 공화국(아프리카), 리비아(아프리카), 베트남(아시아), 벨기에(서유럽), 부르키나파소(아프리카), 이탈리아(서유럽), 인도네시아(아시아), 코스타리카(아메리카), 크로아티아(동유럽), 파나마(아메리카)가 있습니다.

위와 같이 강대국에 대한 기준을 살펴보면 비록 현재는 중화인민공화국이 국제연합 안전보장이사회의 상심이사국이며 강대국이라 말 할 수는 있지만, 다른 강대국과 달리 중화인민공화국 국내의 상황이 전반적으로 골고루 발전된 상황이 아니어서 중국을 강대국이라고 하면 반대하는 의견들이 종종 나타납니다. 2008년 올림픽대회를 개최한 이후 중국은 새로운 모습을 세계인들에게 보여주면서, 예전보다 더 긍정적인 비판을 받을 것으로 보입니다.

7. 중국인의 용 사상

7.1 중국 용과 서양 용

'용'은 영문번역에서는 일반적으로 'dragon'으로 표시하지만 영어권의 'dragon'은 날개와 발톱이 있고 불을 토한다는 전설적인 거대한 도마뱀을 가리키고 있어 중국과 동양문화권 가운데 나타난 '용'의 형상과는 어느 정도 거리가 있습니다. 서양의 용은 사악한 의미를 가지고 있으나 동양의 용은 상서로운 동물로 제왕과 권력, 그리고 좋은 의미의 길조를 상징합니다.

용은 중국 전통사상 십이생초十二生肖(다른 말로 십이간지) 속에서 다섯 번째 순위이며 봉황, 기린, 거북이와 함께 '네 가지 상서로운 짐승'(四瑞獸)으로 불렸습니다. 또한 중국의 천문기상 이야기 속에서 '사상四象'인 청룡靑龍, 백호白虎, 주작朱雀, 현무玄武에 포함 된 동 서 남 북 방위의 신 중 하나입니다. 지금까지도 중국어 속에는 '용'자가 포함된 사자성어가 많고 용의 형상으로 건축, 기물, 의상, 예술작품 등을 장식하는 전통이 있습니다. 이 가운데 청룡은 서조瑞兆로 간주되어 창룡蒼龍과 같은 뜻으로서 백호, 주작, 현무 등과 더불어 하늘의 사신四神 중 하나이며, 동방의 수호신으로 삼고 있습니다.

7.2 중국 용의 전설과 기록

중국 신화와 전설 속에서 용은 신이神異(신기하고도 이상함)한 동물이며 뱀의 몸 · 도마뱀의 다리· 독수리의 발톱 · 사슴의 뿔 · 물고기의 비늘을 가진 모습으로, 입가에 수염이 있고 입에 여의주를 물고 있는 형상을 지닙니다. 중국 선진先秦시대의 서적인 ≪산해경山海經≫

에는 하夏 나라의 후계後啓, 욕수蓐收, 구망句芒 등에 대해서 모두 '승우용乘雨龍'(비 속에서 용을 타다)이라 기재되어 있습니다. 또한 전설상의 고대제왕이며 황제의 손자인 전욱顓頊이 용을 타고 온 천하를 돌고(顓頊乘龍至四海), 중국 삼황오제의 하나인 제곡帝嚳이 봄과 여름에 용을 타고 다녔다(帝嚳春夏乘龍)고 적혀있습니다. 춘추시대 초나라의 대부이자 유명한 시인 굴원屈原은 ≪천문天問≫속에서 백 여 개의 질문을 할 때 용의 형상도 그렸습니다. 전설에 우禹 임금이 치수할 때 응룡應龍이 나타나 꼬리로 땅에다 홍수를 피하는 길을 그려주었다고 합니다. 1970년 내몽고 자봉시 부근 출토된 옥으로 제작한 장식물 '옥룡'은 5000여 년 전의 홍산문화紅山文化의 유물로 밝혀졌습니다. 1987년 하남성에서도 조개로 만든 용과 호랑이를 발견하였는데 제작연대는 지금으로부터 6500년 전으로 추정됩니다. 이 고고학적 증거에 의하며 중국인의 용 숭배 문화사상은 이미 일찍부터 시작되었다는 사실을 증명하고 있습니다.

고대에는 일반적으로 말을 잘 타는 사람을 청룡이라 하기도 했으며 사신과 결부시켜 가운데 황색을 기준으로 동 서 남 북에 각각 청(청룡) 백(백호) 주(주작) 흑(현무)의 네 가지 색을 배치했습니다. 그 모양은 한 나라 때 유품에서 많이 찾아볼 수 있습니다.

전설 속의 용은 나타났다 금새 사라지며, 봄바람을 따라 하늘로 오르고, 가을바람을 따라 깊은 물속으로 숨기도 하고, 구름과 비를 일으키기도 합니다. 후세에 이르러 용은 황제의 절대 권력의 상징이 되어 역대 제왕들은 모두 용으로 자처하여 자신들을 '진용천자眞龍天子'라 칭하고, 사용하는 기물들도 대부분 용으로 장식하였습니다. 중국인들은 보편적으로 용을 숭배하여 스스로 '용의 후계자'(龍的傳人)라고 말하기도 합니다.

7.3 용의 분류와 용의 아홉 아들

중국 고전에는 용의 종류를 네 가지로 나눕니다. 비늘이 있는 용은 교룡蛟龍, 날개가 있는 용은 응룡應龍, 뿔이 있는 용은 규룡虯龍, 뿔이 없는 용은 이룡螭龍이라 부릅니다. 이 외에도 뿔이 두 개 있으면 용이라고 하지만 뿔이 하나만 있으면 교蛟라고 하며, 뿔이 없으면 이螭라고 하고, 다리가 없으면 촉蠋이라고 하는 견해도 있습니다. 일부 학자들은 용을 고대 염제炎帝 황제黃帝가 중원의 각 부락을 통일시킨 후 각 씨족들의 토템신앙을 결부시켜 만들어 놓은 형상이라고도 합니다.

용의 아홉 아들(龍生九子)

중국인에 의해 회자되는 바에 의하면 용에게는 아홉 명의 아들이 있다는용생구자龍生九子의 전설이 있습니다. 용에게 아홉 명의 아들이 태어났지만 결국 용이 되지 못하고 상서로운 동물로 화했다는 이야기가 있습니다. 여기에서 숫자 아홉은 중국인의 사상 속에서 가장 좋은 숫자이며 풍부함과 한량없다는 뜻을 내포하고 있습니다. '용생구자'에 관한 이야기는 예로부터 많은 사람들의 입에 오르내린 전설이지만 이를 명확히 한 것은 명대에 이르러서입니다. 명대 이동양李東陽의 ≪회록당집懷麓堂集≫에 의하면 용의 아홉 아들은 다음과 같습니다.

수우囚牛

첫 아들은 수우囚牛라고 하며 비늘모양의 뿔이 있는 노란 작은 용입니다. 음악을 좋아하여 늘 호금胡琴 같은 악기 위에 앉아있습니다.

이 형상은 한족의 악기뿐만 아니라 소수민족의 악기 위에도 수우의 형상을 볼 수 있습니다.

애비睚眦

애비崖眦는 용의 몸에 승냥이의 머리모양을 가지고 있습니다. 성질이 강직하고 싸움을 좋아하기 때문에 중국인은 늘 칼과 검에다 애비의 형상을 조각하곤 합니다.

조봉嘲鳳

조봉嘲鳳은 몸을 돌보지 않는 위험한 행동을 좋아하기 때문에 오늘 날 건축 지붕 위에 조봉의 형상을 흔히 볼 수 있습니다. 외모는 봉황鳳凰과 유사하고 새의 화신化身으로 알려져 있습니다.

포뢰蒲牢

포뢰蒲牢는 충격을 받으면 큰 소리로 외칩니다. 그런 이유로 오늘날 종鐘에 포뢰의 형상을 조각해 넣어 바깥으로 종소리가 널리 퍼지도록 바라는 의미가 있습니다.

산예狻猊

산예狻猊는 사자와 비슷하게 생겼으며 연기를 좋아하여 늘 연기 주위에 앉아 있습니다. 이러한 성질 때문에 사람들은 향로香爐와 붙어있는 모습의 산예조각을 만들어 산예가 구름을 들이마시고 안개를 내뿜는 듯 장식합니다.

비희贔屓

비희贔屓는 거북과 비슷한 동물로 아무리 무거운 짐이라도 등에 질 정도로 힘이 세서 삼산오악三山五嶽을 질 수 있다고 합니다. 전설에 따르면, 상고시대에 비희가 흔히 삼산오악을 등에 지고 강이나 바다에서 소동을 자주 일으켜 우 임금이 이를 제압하였고 이후 비희는 우 임금을 도와 치수에 많은 공을 세웠다고 합니다. 우 임금은 비희가 다시 소란을 일으키는 것을 우려해 거대한 석비에다 비희의 공로를 적어 위로하였습니다. 비희는 거북이의 모습과 비슷하지만 치아가 있는 것이 큰 특징이며 장수와 상서로움의 상징입니다. 오늘날 명승지의 비석 및 기둥의 대좌에 많이 조각되어 있습니다.

폐안狴犴

폐안狴犴의 형상은 호랑이와 유사하고 힘이 무척 셉니다. 전설 속에서 폐안은 소송訴訟을 선호하기 때문에 감옥, 관아, 관서의 문 양측에 그려져 있으며 감옥의 별칭으로 사용하기도 합니다.

부희負屭

부희負屭의 몸은 용과 유사하고 성격은 고상합니다. 부희는 보통 석비를 휘감는 형상으로 조각되어 있는 것을 흔히 볼 수 있습니다.

이문螭吻

이문螭吻은 전설 속의 새이기도 하지만 바다 속 돌고래라는 견해도 있습니다. 입이 매끈매끈하고 윤이 나 목소리는 굵고, 뭐든지 잘 삼키며 오늘날 전통건축 지붕 위 양쪽으로 조각되어 불이 나지 않기를 바라는 의미를 담고 있습니다.

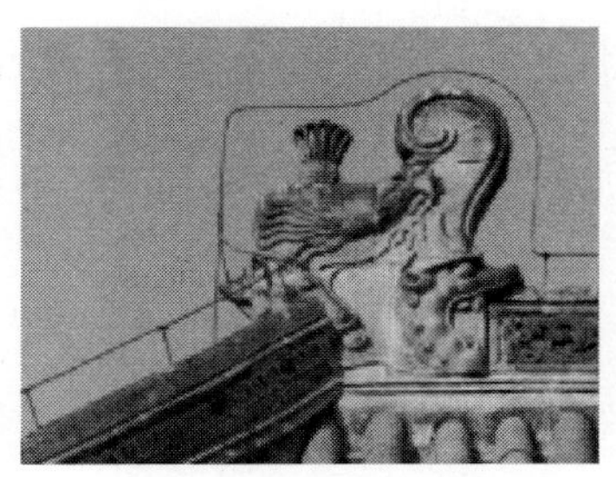

이수螭首

≪승암외집升庵外集≫에 따르면 용의 아홉 아들의 순위가 다른 경우도 있습니다. 그 한 예가 이수螭首인데 이수는 입이 크고 배에 많은 물을 저장할 수 있는 짐승으로 용의 아들을 삼켰다는 전설이 있습니다. 이 때문에 현대에도 많은 건축물의 배수구에 이수의 얼굴을 장식합니다.

기린麒麟

기린麒麟이란 한국어에서 동물원에 있는 목이 긴 동물을 가리키지만 중국어에서는 고대 신화 속의 신수神獸를 가리킵니다. 기린의 수명은 2,000년이며 수컷은 기麟이고, 암컷은 린麟이라 하여 합쳐서 기린이라 부릅니다. 기린의 성격은 온화하여 사람이나 가축, 가금을 해치지 않으며 화초도 밟지 않기 때문에 어진 인수仁獸라 부르기도 합니다. 기린은 사슴의 모양으로 꼬리는 소의 꼬리와 유사하고, 뿔은 없으며 입에서 불을 뿜을 수 있고 울음소리는 천둥과도 같아 중국에서는 기린을 상서로움의 상징으로 여깁니다. 전설에 의하면 태평성세나 성인이 세상에 나타날 때면 기린이 출현하였다고 합니다. ≪춘추春秋≫에서는 공자孔子와 기린 간에 밀접한 관련이 있다는 전설이 전해지면서 기린이 유가의 상징이 되었습니다. 민간에서는 기린이 아들을 점지해준다는 전설이 있어서 '기린송자麒麟送子'라는 말도 있습니다. 또 다른 의미의 기린은 명 대 정화(명나라 초기 사람으로 대함대를 이끌고 해외원정을 실시한 인물)가 동아프리카에서 기린을 실어 명나라에 가져오자, 사람들이 이를 전설의 생물인 '기린麒麟'이라 부른 것에서 비롯되었습니다. 당시 아랍어에서 기린을 giri라고 하였기 때문에 한자어로 麒麟으로 표현하게 되었습니다. 지금까지 한국어와 일본어에는 여전히 목이 긴 동물을 기린이라 부르고 있습니다.

비휴貔貅

비휴는 중국 고전서적 속에서 용맹한 군대의 대명사이며'피사辟邪'라 하여 사악한 것을 없앤다는 뜻도 있습니다. 용의 머리와 말의 몸, 기린의 발과 회백색 털로 덮여 있으며 모양은 사자와 비슷하고 날아다닐 수도 있습니다. 비휴의 성격은 용맹하여 마귀나 괴물의 피를 빨아먹어 나쁜 것을 없애고 재물과 부를 불러오기도 합니다. 천상에서 순찰하는 역할을 맡고 있으며 잡스러운 괴물과 역병을 방지합니다. 민간에서는 비휴가 용의 아홉 번째 아들이라는 견해도 있습니다.

전설에 따르면 비휴가 천상의 법률을 범하여 옥황대제玉皇大帝의 처벌을 받아 온 세상의 재물을 음식으로 삼을 수는 있지만 삼키기만 하고 배설할 수 없게 되었습니다. 모든 재물이 배 속으로만 들어가고 나갈 수 없기 때문에 현대 중국인의 옥 제품 중 비휴의 형상을 흔히 볼 수 있고 부자의 상징으로 알려져 있습니다.

초도椒圖

초도의 생김새는 나사조개와 유사하며 폐쇄적인 성격으로 자신이 사는 곳에 다른 사람이나 동물이 들어오는 것을 싫어합니다. 전통건축의 대문 앞쪽에 고리를 물고 있는 모습을 흔히 볼 수 있습니다.

천룡팔부天龍八部

중국문화는 불교사상의 영향을 받아 불교사상 속 용의 형상도 중국문화 안에 스며들어 있습니다. 소위 천룡팔부란 원래 불교의 개념이지만 중국인들 사이에서도 널리 알려져 있고, 특히 무협소설 속에 자주 등장합니다. 천룡팔부란 천天과 용龍을 비롯해서 야차夜叉, 건달파乾達婆, 아수라阿修羅, 가루라迦樓羅, 진나라緊那羅, 마호나가摩呼羅迦 등 8가지 신화 속 종족을 가리킵니다.

불교의 호법신護法神 천룡팔부 가운데 용부龍部 중생은 불법금강을 수호하며 불법이 삼계三界에서 재난을 받지 않도록 책임집니다. 또한 진정한 불법의 수행자가 나타나면 용부 중생이 직접 수행자를 보호해줍니다.

그러나 불교의 용과 중국전통 용의 형상에는 차이가 있습니다. 천룡팔부의 용은 신비한 생물을 가리키며 외모는 거대한 뱀과 비슷하고 머리가 하나 혹은 두 개 이상을 가질 수도 있습니다. 범어의 용은 '납가納加'라고 하는데 용뿐 아니라 코끼리나 코브라도 가리킵니다.

불교의 용 문화 역시 중국문화처럼 한국문화에 영향을 미쳤습니다. 한국의 삼국시대와 통일신라 이전부터 널리 전해져 온 화엄경에는 소위 '화엄성중華嚴聖衆'이란 말이 나오는데 이는 불교의 108호법보살을 가리킵니다. ≪삼국유사≫ 속에도 화엄성중의 형상이 자주 나타나는데 예를 들어 사천왕四天王, 도리천忉利天, 삼십삼천三十三天 등 천왕들, 그리고 천룡팔부, 신병神兵, 사십성중四十聖衆, 도량신道場神 등의 출현은 늘 경전에 묘사되어 있고 사람들에게도 친근한 어휘들입니다.

7.4 아주사소룡: 동아시아 4대 신흥공업국

세계인은 홍콩, 싱가포르, 대만, 한국을 동아시아 신흥 공업국이라 하여 East Asian Tiger(동아시아의 호랑이) 혹은 Asia's Four Little Dragons(아시아의 작은 용 네 마리)로 불러오고 있습니다. 중국말로는 호랑이라 표현하지 않고 '아시아의 작은 용'(亞洲四小龍)으로 표현합니다. 이와는 별도로 '아시아의 호랑이'란 표현이 있는데 아시아의 호랑이란 중국어에서 태국, 말레이시아 인도네시아, 필리핀의 네 국가를 가리키는 것으로 당시 이들 나라는 1990년대에 들어오면서부터 1980년대의 '아시아의 작은 용'처럼 경제의 급속적인 발달로 유명해졌습니다. 호랑이는 역시 용과 비교할 수 없어 이들 호랑이들은 1997년의 금융 위기에 결국 IMF에 의존하게 되어 발전이 주춤해지면서 경제는 하강곡선을 그리게 되었습니다. 중국인들은 호랑이는 아무리 용맹하더라도 신수神獸인 용과 비교되지 못한다고 생각합니다.

한국은 60~70년대 경제가 빠른 속도로 성장하여 동아시아와 동남아 지역경제의 선도적 역할을 담당하였습니다. 국민 평균 GDP는 아시아에서 일본 다음이었으나 2005년에 들어와 홍콩이 일본의 GDP를 추월하였습니다. 이들 국가지역은 서양 가치관의 영향을 받아서 서양의 가치체계와 경제체계를 연결시킬 수 있었습니다. 예를 들면, 홍콩과 싱가포르는 법률, 교육, 경제 등의 각 방면에 선진자본주의 국가인 영국의 영향을 깊이 받았습니다. 대만과 한국은 1950년 이후 미국의 영향을 자연스럽게 받아 서구의 경제체계가 수월하게 접목될 수 있는 환경이 조성되었습니다.

8. 중국어와 한자

8.1 중국어란 무엇인가?

중국어는 중국에서 사용되는 언어로서 열여섯 가지 방언으로 이루어져 있는데 한어漢語, 중문中文, 화어華語라고도 부릅니다. 중국어는 오늘날 많은 언어에 영향을 끼쳤으며 그 사용자 수는 13억으로 사용자 수로만 비교한다면 세계 사용자 수 1위로 전 세계 인구의 약 1/5이 사용하고 있는 언어입니다.

중국어를 역사적으로 분류하면 주나라와 진 나라와 한 나라의 상고한어, 당 나라와 육조의 중고한어, 송나라와 원 나라 명나라의 중세한어, 청대의 근대한어, 그리고 현대 중국이 쓰고 있는 현대한어가 있습니다.

지역적으로 분류하면 중국 북부와 서부에서 쓰고 있는 북방어北方語, 산서성山西省에서 쓰고 있는 진어晉語, 한휘성安徽省에서 쓰이는 휘어徽語, 복건성福建省에서 쓰는 민어閩語, 강서성江西省에서 쓰는 감어贛語, 광동성廣東省 북부와 해외의 중국인들이 쓰는 객가어客家語, 호남성湖南省에서 쓰는 상어湘語, 중국 동부의 오어吳語, 광동, 광서성 장족자치구壯族自治區의 일부 및 해외의 중국인들이 사용하는 광동어(월어), 중앙아시아, 키르기스스탄, 동간족의 언어인 동간어東干語가 있습니다.

한족의 언어는 한어漢語라고 하며 한장어계漢藏語系에 속하며 북방방언北方方言(관화방언官話方言), 오吳 방언, 상湘 방언, 감贛 방언, 객가客家 방언, 민閩 방언, 월粵 방언 등의 일곱 개 대표방언이 있습니다. 이 방언 중에서 북방방언을 사용하는 사람들의 수가 가장 많아서 전 한민족의 70% 정도를 차지하고 있고 그 차지하는 면적도 장강 이북과 장강 이남의 천강에서 취홍까지 이어진 연안지방과 호북, 사천, 운남, 귀주 그리고 호남성의 서북방 일부까지 미치고 있어 이렇게 넓은 지역에서 통용되고 있는 말은 세계에서 유래를 찾기 힘듭니다.

따라서 중국에서는 이 북방어를 기초로 하여 북경어 발음을 표준어로 삼아 거기에 전형적인 현대 구어에 의한 작품으로 문법의 규범을 이루는 공통어를 만들어 점차 언어통일의 방향으로 나아가고 있습니다. 이것이 좁은 의미의 중국어이며 우리가 보통 말하는 중국어는 이 '중국어 공통어'를 말합니다.

한어 방언

한어 방언, 즉 중국의 지역 언어는 현대표준어인 보통어와 서로 간의 차이가 상당히 큽니다. 중국 언어학자들은 한어방언의 규정에 대하여 아직도 분분하지만 일반적으로 중국어의 방언을 9대, 8대, 7대, 6대, 5대 방언으로 나눠 규정한 바가 있습니다.

표준 중국어

표준 중국어는 중화인민공화국, 중화민국, 싱가포르의 표준어로 쓰이는 중국어를 말합니다. 중화인민공화국에서는 1955년부터 보통화普通話라고 칭하고, 중화민국에서는 국어國語, 싱가포르와 말레이시아에서는 화어華語라고 합니다.

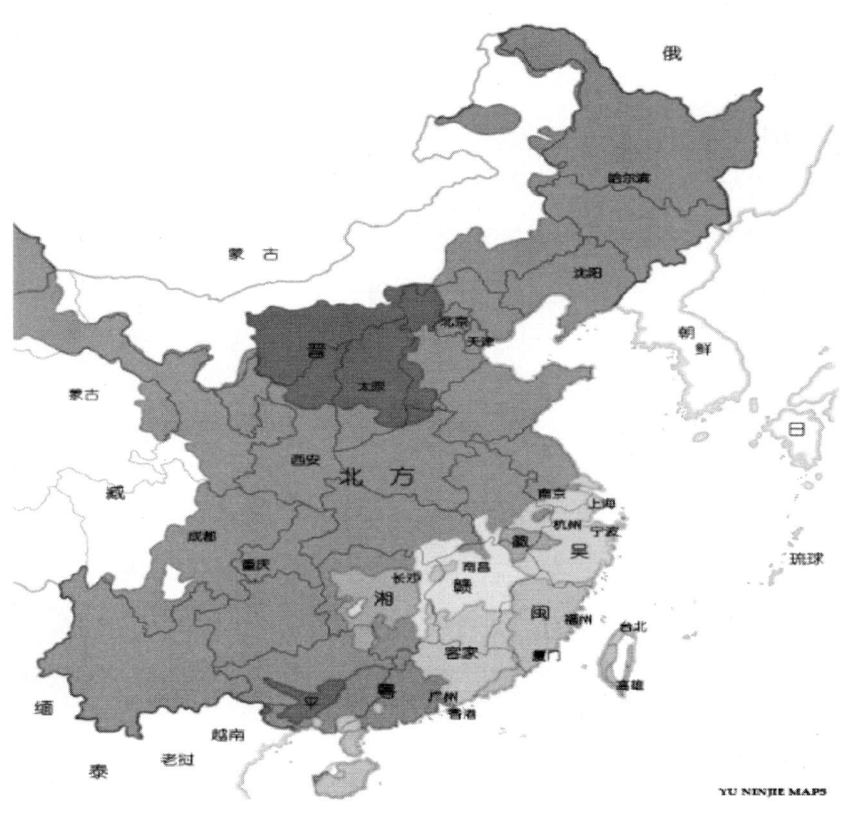
俄
哈尔滨
蒙 古
沈阳
北京
天津
朝
鲜
晋
太原
蒙古
日
西安
北 方
藏
南京
上海
杭州
宁波
徽
吴
成都
重庆
长沙
南昌
琉球
湘
赣
闽
福州
台北
客家
厦门
粤
广州
香港
高雄
平
缅
越南
老挝
泰
YU NINJIE MAPS

8.2 중국어의 발음표기법

주음부호注音符號

주음부호는 중국어의 발음을 표기하기 위한 하나의 방법입니다. 1913년 중국독음통일회에 의해 제정되었고 1918년 북경정부가 공표하였습니다. 당시의 정식명칭은 '주음자모注音字母'였으며 한자를 대신하는 문자로 사용되었습니다. 남경 국민당정부에서도 공인되었지만, 1930년에 '주음부호注音符號'로 개칭되고 한자의 발음기호로 축소되었습니다. 한자의 표음을 나타내는데 널리 쓰였으며, 한어병음법이 등장한 이후 대체되어 현재 중국 대륙에서는 사용하지 않으나 대만에서는 여전히 사용하고 있습니다. 대만에서는 초등교육 초기에 주음부호를 배우고 있습니다.

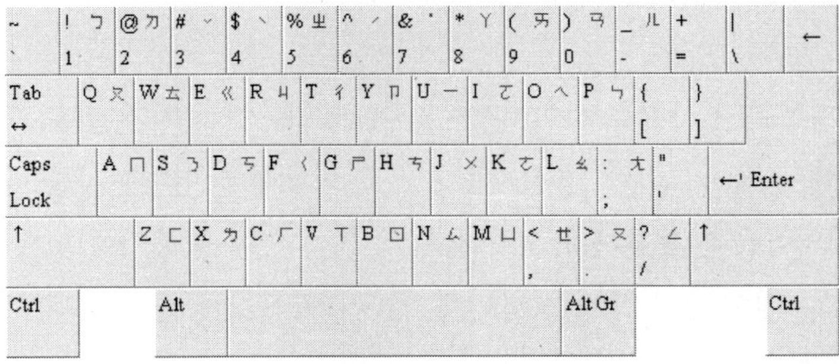

주음부호가 적혀 있는 키보드

한어병음자모漢語拼音字母

중국에서는 각 방면의 개혁이 진행되고 있는데 문자에서도 그 일환으로 한자의 간략화와 로마자에 의한 표음화가 일어나고 있습니다. 이것은 로마자를 일정한 방식으로 표기해서 중국어의 발음을 표기하는 것으로 이 기호를 '한어병음자모漢語拼音字母'라 부릅니다.

한어병음자모는 중국어 한자음을 로마자로 표기하는 발음부호입니다. 한어병음자모는 현대 표준어인 보통화 발음을 로마자 자모로 표기한 형태로 성모는 21개, 운모는 16개로 되어 있습니다.

8.3 한자—정체자와 간화자

정체자正體字 및 번체자繁體字

정체자 또는 번체자는 전통적으로 써 오던 방식 그대로의 한자어를 부르는 말로 대만에서는 정체자, 중국 본토에서는 번체자라 칭하고 있는 전통 한자어입니다. 대한민국, 중화민국(대만), 홍콩, 마카오 및 해외의 화교들은 간체자 대신 전통한자인 정체자를 그대로 사용하고 있습니다.

한자문화권 사람들 사이에서는 전통한자를 여러 가지 말로 부르고 있는데 한국 및 대만, 홍콩, 마카오 등을 포함한 전통한자를 선호하는 지역들은 전통한자가 의미와 형식 모든 면에 정통성이 있다는 의미에서 '정체자'라 부르는 반면에, 중국대륙은 전통한자가 너무 복잡하여 누구나 쉽게 알 수 있게 간화시킨 한자를 간체자라 부릅니다.

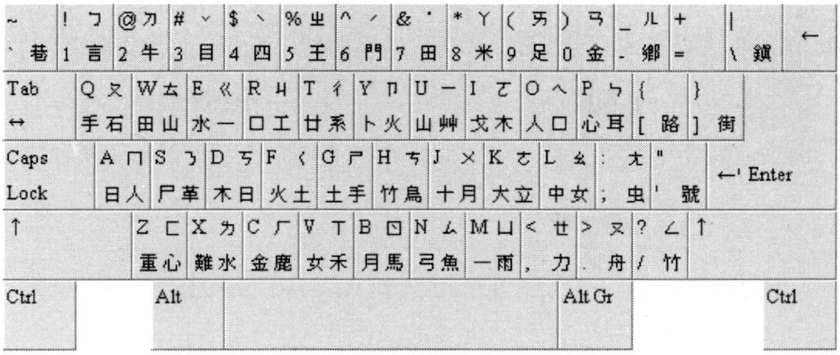

정체자 타자 방법으로 쓰이는 키보드

간체자簡體字 및 간화자簡化字

간체자 또는 간화자는 1960년대 중화인민공화국에서 중국공산당의 주도로 만들어진 간략화 된 한자입니다. 정확히 말하자면, 간체자는 과거 중국에 존재했던 약자체 모두를 통칭하는 말이고, 현재 중국에서 사용되고 있는 규범화된 글자체만을 간화자라고 합니다. 중화인민공화국에서는 원래의 전통적인 글자를 번체자라 하고, 중화민국(대만)에서는 정체자라고 부릅니다.

1956년 '한자간화방안漢字簡化方案'이 발표된 이후 몇 년 동안의 연구를 거쳐, 1964년 '간화자총표簡化字總表'가 발표되었습니다. 현재 중국대륙과 싱가포르에서 사용되고 있으며 간화된 한자는 총 2,235자로 이루어져 있습니다.

정체자	간화자
發 / 髮	发
乾 / 幹	干
歷 / 曆	历
覆 / 複 / 復	复
蕭	萧
見	见
體	体
貝	贝
東	东
車	车
長	长
門	门
鬥	斗
開	开

간화자의 간화 원칙

(1) 고대의 간단한 문자를 쓴다(從 → 从)

(2) 송・원대 이래의 민간 속자(俗字)를 활용한다(戰 → 戰)

(3) 새로운 회의문자(會意文字)를 만든다(隊 → 隊)

(4) 새로운 형성문자(形聲文字)를 만든다(溝 → 溝)

(5) 초서체를 취한다(東 → 東)

(6) 변(邊)이나 방(傍)을 간소화한다(絲 → 糸).

8.4 한자 — 한자의 제작법

한자의 형성과정을 크게 여섯 가지로 나눠 육서六書라고 합니다. 후한의 허신許愼이 ≪설문해자說文解字≫에서 한자를 상형象形, 지사指事, 회의會意, 형성形聲, 전주轉注, 가차假借의 여섯으로 나눠 설명한 데서 시작되었습니다.

상형象形

상형은 한자의 가장 처음 형태로, 자연이나 사물의 생김새를 흉내내어 만든 글자입니다. 뫼 산山이나 내 천川, 새 조鳥의 단순한 글자에서 많이 볼 수 있습니다.

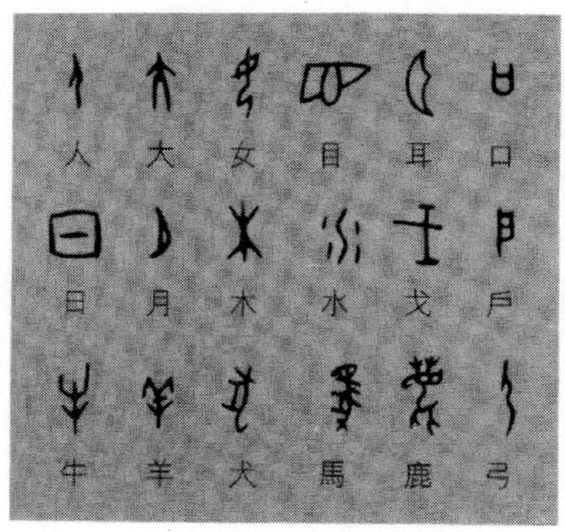

지사指事

지사는 추상적인 대상을 기호화한 것입니다. 위 상上과 끝 말末이 이에 해당합니다.

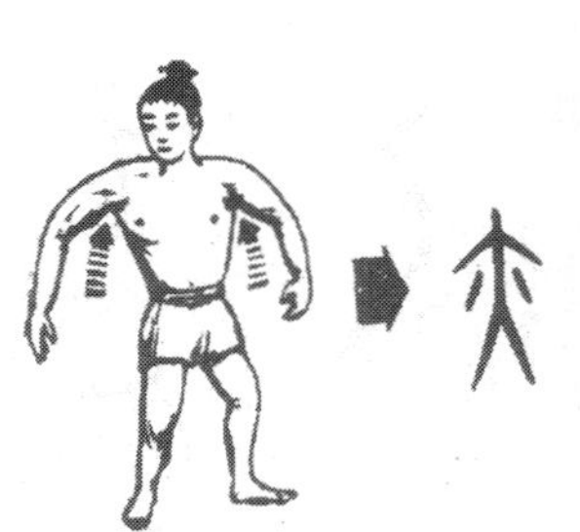

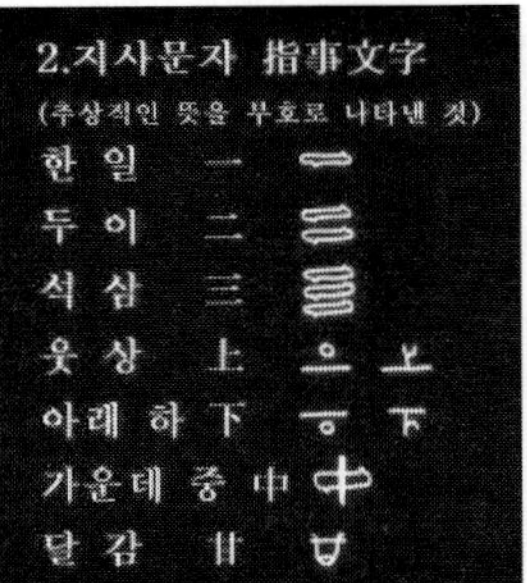

회의會意

회의는 두 개 이상의 한자를 모아서 새로운 뜻을 만든 글자로 사람人과 말 言을 합하여 사람의 말은 중요하다는 믿을 신信자를 만들었습니다.

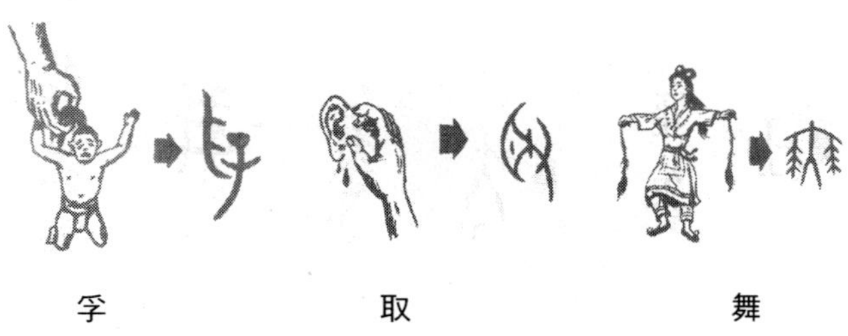

孚　　取　　舞

형성形聲

형태와 소리를 적절히 합하여 새로운 뜻을 갖는 글자를 만든 것입니다. 간肝은 신체 등을 뜻하는 고기 육肉(부수에서는 月로 쓰임)자와 같은 발음을 갖는 방패 간干을 합한 것입니다.

霧= 雨 + 務

霜= 雨 + 相

雲= 雨 + 云

전주轉注와 가차假借

전주는 본래 한자의 뜻이 시대가 변하면서 더 확장된 뜻을 갖는 글자로 된 것입니다. 가차는 뜻은 생각하지 않고 음만 빌려 쓴 것을 말합니다.

예를 들어 넉 사四는 콧구멍을 상형한 것이며 이후 넷이라는 뜻으로 가차되자 본래의 의미를 살리기 위해 입 구口를 더해 숨쉴 희呬를 만들었습니다. 넉 사와 숨쉴 희는 현대 한국어에서는 그 음이 서로 다르지만 상고시대에는 동일한 음이었습니다. 또 다른 예가 있습니다.

新 — 薪

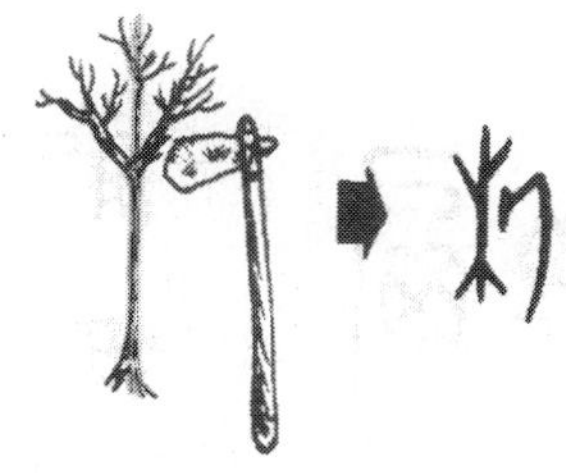

한자문화권

한자문화권은 한자를 받아들여, 자국어에 고전 중국어계 어휘를 다수 차용하여 오랫동안 역사적으로 사용하여 온 동아시아 지역을 가리킵니다. 대한민국, 중화인민공화국, 중화민국, 일본 등이 이에 해당하며, 넓게는 중앙아시아의 몽골, 티베트나 동남아시아의 베트남이나 싱가포르도 포함합니다.

대한민국, 중국 등 동아시아 지역은 벼농사를 짓는 농경민족으로 유교와 불교사상의 영향을 받는 등 여러 면에서 문화적인 공통점이 많습니다. 그러나 몽골, 티베트와 같은 동아시아의 유목민족들은 한자문화권의 주변에 위치하면서도 한자를 거의 수용하지 않았습니다. 일본의 강호江戶시대에는 통치자가 교체될 때마다 조선으로 통신사가 파견되었습니다. 강호의 유학자들은 한자에 의한 필담으로 조선의 유학자와 유학에 관한 서로의 견해를 주고받으며 내심 배워 갈 것을 기대하고 있었다고 합니다.

1840년의 아편전쟁으로 청나라가 패배하고 중국의 세력이 약해지면서, 중국과 조공관계를 맺고 있었던 한국, 베트남 등의 나라들은, 한자를 종속의 상징으로 치부하고 있다, 제2차 세계대전 이후에는 자국독립의 의미를 부여하고자 한자를 폐지하는 정책을 취하기도 했으나 현재에는 다시금 한자의 부활을 주장하고 있는 사람들이 차츰 많아지고 있습니다.

한편, 중화인민공화국에서는 문맹을 해결하기 위해 강희자전康熙字典을 간화시킨 간체자를 국가시책으로 모든 지역에서 쓰고 있습니다. 대한민국, 베트남, 중국의 급속한 경제성장으로 동아시아에서는 일본만이 유일한 경제 선진국이라 단정할 수 없게 되었고, 유럽에서 유럽 공동체가 성립된 것과 같이 동아시아에서도 동아시아 공동체 성립을 추진하는 움직임이 일면서 동아시아의 공용문자로 한자의 사용이 검토되기도 합니다.

한국어에서는 직접적으로 한자를 쓰지 않고 한글을 쓰지만 한국어 단어 중 상당수는 한자어로 되어 있으며 성과 이름도 대체로 한자를 씁니다. 그리고 1972년부터 시작한 한자급수시험 제도는 처음에는 별 인기가 없었으나, 1990년대 사교육의 영향으로 인하여 한자급수시험을 많이 보는 추세로 바뀌게 되었습니다. 실제로 전경련 회원사, 예를 들어 삼성그룹 계열사에서는 한자급수 3급 이상이 되어야 입사할 때 유리하다고 합니다.

베트남어에서는 대한민국의 한자어와 비슷한 한월어가 있습니다. 일본어에서는 한자가 일본의 고유문자 가나와 함께 쓰이고 있으며 한자를 잘 모르는 사람들을 위해 한자 위에 음을 바꾸어 가나로 표기하고 있습니다.

설문해자說文解字 중국 후한 때, 허신이 편찬한 자전. 문자학의 기본적인 고전의 하나로, 한자 9,353자를 수집하여 540부部로 분류하고 육서六書에 따라 글자의 모양을 분석, 해설하였습니다.

9. 중국의 음식문화

9.1 중국음식의 특징

한국말로 중국의 음식을 '중화요리'라 말하지만 중국말로는 '중국채中國菜'라고 부릅니다. 중국은 국토가 아주 넓어 각 지방의 기후, 풍토, 산물 등에 각기 다른 특색이 있습니다. 그에 따라 경제, 지리, 사회, 문화 등 다양한 요소가 작용하여 수많은 요리법들이 나타났습니다.

중국의 음식문화는 중국문화의 중요한 요소 중의 하나이며 '중화식문화中華食文化'라고도 칭합니다. 중국의 식문화는 동아시아지역에 깊은 영향을 미쳐 중국 여러 민족 및 각 지역의 요리는 다른 나라 요리의 기원이 되었습니다.

중국요리의 가장 큰 특징은 '색色, 향香, 미味' 세 가지를 모두 구비한다고 말할 수 있습니다. 중국말에서도 '색향미구전色香味俱全', 즉 색깔이 예쁘고, 향기가 좋고, 맛도 있는 맛깔스런 음식이라는 표현이 있습니다. '색'은 요리의 색깔을 가리키며 음식재료의 색깔과 잘 조화시켜 맛깔스럽게 만듭니다. '향'은 요리의 향기이며 '미'는 요리의 맛을 가리킵니다.

또한 요리의 특색으로 보면 식재료食材料의 선택, 칼 솜씨(도공刀工), 불의 세기와 시간(화후火候), 조미調味라는 네 가지 특징이 있습니다.

중국요리의 식재료 선택범위는 상당히 다양하고 풍부한데, 중국에서 이를 묘사하는 속담으로 '산중주수운중연, 육지우양해저선山中走獸雲中燕, 陸地牛羊海底鮮', 즉 산에 사는 짐승과 구름 속을 날아가는 새, 그리고 육지에 있는 소와 양, 바다 속 해산물 등 거의 먹을 수 있는 것은 모두 중국요리의 음식재료가 될 수 있다는 것을 보여주고 있습니다. 예를 들어 제비집(연와燕窩), 상어 지느러미(어시魚翅), 곰발바닥(웅장熊掌), 호랑이 뼈(호골虎骨), 원숭이 뇌(후뇌猴腦) 등이 있습니다. 그 중에서도 일부 음식재료는 보호대상 동물로 그러한 희소가치 때문에 이러한 요리가 유명하지만 늘 구할 수 있는 음식재료가 아니라서 보통 대체 음식재료로 요리를 합니다.

호골주

상어 지느러미

음식재료는 요리의 계통(채계菜系)에 영향을 많이 받아 음식재료에 따라 채계의 발전도 달라집니다. 예를 들어 산동성山東省 지역의 요리인 노채魯菜는 그 지역이 황하와 가깝기 때문에 민물생선 같은 음식재료를 주로 사용하고, 사천성四川省의 요리인 천채川菜는 바다와의 거리가 멀어서 해물 식재료를 구하기가 어려워 주로 민물 음식재료를 사용합니다. 중국 남쪽에 위치한 광동성廣東省(홍콩을 포함)은 기후가 따뜻하고 바다가 가깝기 때문에 신선한 바다 해물요리, '생맹해선生猛海鮮'(바로 잡은 신선한 해물)이 유명합니다.

중국요리의 또 다른 특징은 바로 요리사의 칼 솜씨이며 중국말로 '도공刀工'이라고 부릅니다. 중국요리의 음식재료는 대부분 가공해서 작고 쉽게 먹을 수 있도록 썰어서 요리합니다. 먹을 때 양식처럼 칼

질이 필요 없고, 한국에서 고기를 자를 때 쓰는 가위도 필요 없습니다. 중국요리를 할 때 칼 솜씨는 상당히 따지는 부분으로 음식재료에 따라 여러 가지 칼의 선택과 칼의 사용법, 그리고 음식재료의 자르는 법까지 요리사의 솜씨를 엿볼 수 있습니다. 같은 음식재료라 하더라도 요리사의 훌륭한 칼 솜씨에 예술작품 같은 요리의 창작이 가능합니다.

중국요리의 요리법은 상당히 많은데 대표적인 것으로는 양반凉拌(냉채 비빔), 초炒(볶음), 증蒸(증기로 찜), 전煎(얇게 썰어 말려서 기름에 띄워 지짐), 찰炸(튀김), 민燜(뚜껑을 꼭 닫고 약한 불에 고거나 익힘), 국焗(찜), 돈炖(약한 불에 장시간 고는 것), 외煨(뭉근한 불에 오래 삶는 것), 소燒(끓임) 등 몇 십 여 가지 기법이 있으며 각 기법도 더욱 세밀하게 분류할 수 있습니다. 이 다양한 요리법들을 보면 중국요리는 조리과정에서 불의 사용을 상당히 중요시하는 것을 알 수 있습니다. 불이 너무 세면 타버릴 수 있고, 시간이 오래되면 고기가 질겨질 수도 있기 때문입니다.

또한, 조미료에 따라 각 지역 요리의 특색이 확연히 나타납니다. 중국요리에 사용되는 상용 조미료는 다양하여 간장, 고추, 생강, 설탕, 마늘, 식초, 참기름, 술, 감자가루, 두시豆豉(콩을 발효시켜 만든 말린 청국과 비슷한 식품), 화교花椒(산초나무 열매) 등이 있습니다.

9.2 중국의 유명한 요리

중국에서는 요리에 대하여 사대요리, 팔대요리, 십대요리 등의 말이 있는데 실제는 주로 지역으로 분류하고 있습니다. 왜냐하면 요리의 특징은 지역환경의 특징에 따라 달라지기 때문입니다. 중국의 유명한 요리는 일반적으로 노채魯菜(산동山東), 천채川菜(사천四川), 월채粵菜(광동廣東), 회양채淮揚菜(江蘇), 절채浙菜(절강浙江), 향채湘菜(호남湖南) 등이 있습니다.

노채魯菜

송대 이후 노채는 북방 음식인 '북식北食'의 대표가 되었습니다. 명청 시대 노채는 이미 궁중요리의 중심이 되어 북경, 천진, 그리고 동북지역의 음식문화에 영향을 주었습니다. 노채의 특징은 맑은 국물인 '청탕淸湯'으로 특히 유명한 공자 저택 음식을 상징하는 '공부채孔府菜'는 역대 제왕을 위한 관부명채官府名菜가 많기 때문에 맛이 특별하고 국내외에 널리 알려져 있습니다.

천채川菜

천채는 사천에서 기원하며 맵고, 신선하고, 향기로워서 산초(중국식 후추)를 입에 넣었을 때처럼 톡톡 쏘며 입안을 자극하는 맛으로 유명합니다. 천채의 출현은 진한 시대까지 거슬러 올라가 찾을 수 있는데 송 대에 이미 형성되어 중원中原 지방에까지 영향을 주었습니다. 천채의 재료는 '산진山珍(산에서 나는 귀한 재료들)'이 많고, 민물 생선, 야채 등도 많이 사용하며 향토적인 맛이 뚜렷합니다. '마파두부'는 천채의 대표작이라 말할 수 있습니다. 전하는 말로, 옛날 어떤 노파의 얼굴에 많은 곰보 자국이 있다는 말이 중국말로 전래되면서 '마파'라는 말이 생겼고 이 노파가 만든 두부는 맵고, 연하고, 향기롭고, 신선하여 세인들은 이 요리를 '마파두부'라 부르게 되었습니다.

월채粵菜

월채는 광동요리로 담백하고 신선하다는 특색이 있습니다. 광동요리의 특징은 돼지고기, 소고기, 닭고기 외에 뱀, 달팽이, 곤충, 닭 발, 오리 혀, 소 내장 등 특이한 음식재료를 사용하고 있습니다. 광동요리 특히 홍콩요리는 개 고기, 고양이 고기도 즐겨 사용하고 있습니다. 광동요리는 사천의 매운 요리와는 달리 순한 맛을 가지며 향료도 자주 사용하지 않습니다. 매운 음식은 대체적으로 사천같이 덥고 음식이 상하기 쉬운 지역에서 유행하지만 광동 지역은 풍부한 농산물과 수산물이 있기 때문에 신선한 음식재료를 접하기 쉬워 매운 맛 없이도 음식재료 자체의 자연적인 신선함을 보유하는 것이 광동요리의 특색입니다.

9.3 중국의 양생철학

중국에서 식문화가 발달한 이유는 중국인 특유의 양생철학養生哲學(건강보양사상)과 밀접한 관계가 있습니다. 중국 명나라 말기의 박물학자, 약학자, 그리고 ≪본초강목本草綱目≫의 저자인 이시진李時珍은 '약보불여식보藥補不如食補'(약으로 보양하는 것은 식사로 보양하는 것만큼 못하다)라 하였고, 중국 당 나라 초기의 명의로, 신선가神仙家이자 '약왕藥王'으로 불리는 손사막孫思邈은 '구급지도재어약救急之道在於藥, 안신지본재어식安身之本在於食'(약은 구급의 방법이고, 건강의 근본은 식사에 달려있다)이라 말하였습니다. 이러한 말들이 바로 중국 식문화의 기본사상을 보여주고 있습니다.

중화요리에서 식사 손님은 저만의 밥그릇을 가지는 반면, 따라오는 다른 요리들은 공용 그릇에 놓아 여러 사람이 먹을 수 있게 해 놓습니다. 중화요리에서 각 사람은 공용 그릇의 음식을 젓가락으로 집어 각각 덜어 먹습니다. 이는 음식을 먹을 때 저만의 그릇만을 사용하는 서양식과는 비교가 되기 때문에 이러한 문화에 익숙하지 못한 서양인들은 불편을 느끼기도 합니다.

한국어에서는 '의, 식, 주'라고 하지만 중국어에서는 '식, 의, 주'라 하여 '식'은 중국인들의 마음 속 한 가운데를 차지하고 있습니다. 중국의 속담인 '민이식위천民以食爲天', 즉 백성들의 식사는 하늘과 같이 중요하다는 말이 있습니다. 중국의 음식문화는 중국문화의 정신과 깊이 관련되어 있습니다. 음식문화의 발달도 중국문화 특수성의 하나로서 중국어에서는 '먹다'(吃흘)와 관련된 표현이 많습니다. 예를 들면, 군대를 간다는 말은 '吃糧흘량', 즉 양식을 먹는다는 뜻이고, '吃閉門羹흘폐문갱' 즉 문전박대를 당한다는 뜻이고, '吃不了兜著走'는 다 먹을 수 없어 싸가지고 가다'는 뜻인데 '의견은 네가 냈으니, 문제가 생기면 네가 끝까지 책임져야만 한다'는 뜻으로도 사용되고 있습니다. '吃出甛頭' 원래 단 맛을 보았다는 뜻이지만 '맛을 들이자 손을 떼려 하지 않는다'는 뜻으로도 사용합니다. '吃醋'는 원래 식초를 먹는다는 뜻인데 일반적으로 질투, 시기한다는 뜻으로 사용하고 있습니다. 이러한 표현들은 중국어에 상당히 많고 중국의 음식문화가 중국문화의 중요한 요소라는 의미이기도 합니다.

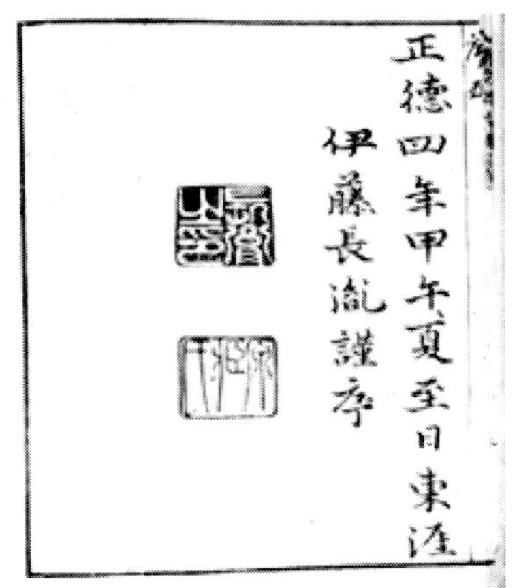
正德四年甲午夏至日東涯
伊藤長胤謹序

본초강목本草綱目 중국 명明나라 때의 본초학자本草學者 이시진李時珍 : (1518~1593)이 엮은 약학서藥學書.

채식주의

채식주의는 식생활에서 동물성 음식의 섭취를 피하고, 식물로 이루어진 음식만을 먹는 것을 뜻합니다. 동물성 음식은 보통 동물의 고기로 만든 음식과, 동물로부터 나온 유제품, 예를 들어 우유 버터 치즈 요구르트, 동물의 알, 동물 성분을 물에 넣고 끓인 국물과 어류까지도 포함하는 말이지만, 일부 엄격하지 않은 채식의 경우에는 동물의 고기를 제외한 일부의 동물성 음식을 먹는 경우도 있습니다. 생태주의나 자연보호, 정신수양 등의 관점에서 채식을 주장하는 서양과는 달리, 중국 특히 대만에서는 일부 종교적 이유도 있지만 대부분은 주로 건강을 위해 채식을 하는 경우가 많습니다.

채식주의는 서양과 마찬가지로 중국대륙에서는 흔히 볼 수 없지만 대만에서는 채식인구가 많은 비중을 차지하고 있습니다. 대만의 채식주의자들은 주로 두부를 많이 먹고 두부를 여러 형태로 가공한 다양한 채식요리를 즐기고 있습니다. 대만의 채식주의자들은 대다수가 종교, 예를 들어 불교와 도교를 믿는 사람들이며 이러한 채식을 통해 고통을 줄이는 불교적 가르침을 따르거나 소원을 빌고 있습니다. 대만의 채식요리는 모양이 크고 다양한 야채를 포함하고 있으며 고기와 동일한 모양의 채식음식도 만드는데 이러한 고기모방 요리는 대부분 콩 단백질과 글루텐(보리나 밀 등의 곡류에 존재하는 불용성 단백질)으로 만들어 오리, 닭, 돼지와 비슷한 모양과 맛을 내고 또한 해산물과 유사한 형태의 모방 요리도 여럿 있습니다.

10. 중국의 차 문화

10.1 중국의 다도茶道

중국어 속담에서는 '문을 열고 준비해야 할 일곱 가지 일은 "땔감, 곡식, 기름, 소금, 간장, 식초, 차"가 있다'는 말이 있습니다. 차를 마시는 문화는 고대 중국에서 상당히 보편화 되었습니다. 중국의 차 문화는 구미와 일본의 차 문화와 많은 차이가 있는데 중국의 차 문화는 역사가 길고 물질문화뿐 아니라 역사 깊은 정신문화도 포함하고 있습니다. 중국 당 나라 때 차의 성인 즉 다성茶聖 이라 알려진 육우陸羽가 쓴 ≪차경茶經≫은 역사상 중국 차 문화의 첫 번째 경전이며 그 이후 차의 정신은 궁전과 사회로 스며들어 중국의 시사詩詞, 회화繪畫, 서예, 종교, 의학 등 영역에도 큰 영향을 끼쳤습니다.

예로부터 중국인들은 차나무 심기, 차 제작, 차 우리기, 차의 맛을 보기 등은 높은 수준의 지혜가 있어야 할 수 있는 기술이라 생각하고 있습니다. 그러므로 차와 관련된 기예는 '다예茶藝' 혹은 '다도茶道'라고 말합니다.

중국어에서 '지자요수, 인자요산智者樂水,仁者樂山' 즉 지혜로운 사람은 물을 좋아하고, 어진 사람은 산을 좋아한다는 뜻입니다. 차는 높은 산에서 천지의 영기靈氣를 얻어 생산되고 차를 우리기 위해서는 청결한 물을 필요로 하기 때문에 차 한 잔은 중국정신문화에 배여있는 천天, 지地, 산山, 수水, 인仁, 지智 모두를 포함합니다.

중국은 차의 고향으로서 차에 관한 역사와 그에 관한 연구는 상당히 깊은 수준에 있습니다. 당 나라 육우의 ≪다경≫ 이래 역대의 다학茶學 전문저작들이 많으며 이러한 풍부한 저작들 역시 중국 차문화 유산 중의 하나라 할 수 있습니다.

시대에 따라 차를 우리는 방법과 마시는 방법이 서로 다른데 당 대부터 명대까지 대체적으로 다소 복잡한 절차에서 간단한 방법으로 자연스럽게 변천해 갔습니다. 송대의 차 제조는 가장 복잡하고 황제부터 사대부까지 '투다鬥茶'의 관습이 있었습니다. '투다'는 달리 말하면 차를 우리는 능숙도를 보기 위한 일종의 대회라 할 수 있습니다.

차의 품질부터 시작해서 물(水)의 질, 다구茶具, 다탕茶湯의 색깔 등을 모두 따져보고 중국음식처럼 '색, 향, 미'를 두루 갖추면 이기게 됩니다.

공부차工夫茶 공부차는 다예의 한 가지 형식이며 중국의 차 문화 가운데 중요한 지위를 차지합니다. '공부'란 차 우리는 법은 일정한 공부(실력)에 도달하지 못하면 잘할 수 없다는 뜻에서 '공부차'라고 합니다.

10.2 차의 제조

차의 주요한 맛은 찻잎에서 나오기 때문에 찻잎의 품질은 매우 중요합니다. 중국의 긴 역사 속에는 유명한 차가 많은데 그 중에서 대표적 몇 가지는 아래와 같습니다.

오룡차烏龍茶

오룡차는 중국 남부의 복건성과 광동성, 그리고 대만에서만 생산되고 있는 중국 고유의 차입니다. 녹차와 홍차의 중간으로 발효 정도가 20~65% 사이의 차를 말하며 반발효차로 분류되며 색깔에 따라서 청차淸茶라고도 부릅니다.

원래는 중국에서 만들어졌으나, 1890년경부터 대만에서 생산하게 되었습니다. 제품의 빛깔이 까마귀같이 검으며, 모양이 용龍같이 구부러졌다 하여 오룡烏龍이란 이름이 붙었습니다. 찻잎은 6~8월 사이에 난 새싹을 사용하는데, 처음에 햇볕을 쬐여서 시들게 한 후 실내로 옮겨 때때로 휘저어 섞어 수분을 제거한 다음, 그 사이 약간 발효시킨 후 솥에다 볶아 효소작용을 멈추게 합니다. 이것을 잘 비벼서 건조시킨 후 제품을 만드는데, 이것을 달인 물은 진한 등홍색橙紅色의 빛깔을 띠며 향기가 매우 좋습니다. 중국 특유의 달이는 법이 따로 있으나, 보통은 홍차와 같은 방법으로 달여서 단맛을 가미해서 마십니다.

동정오룡차凍頂烏龍茶

대만 동정산에서 생산한 차를 동정오룡차라고 합니다. 대만의 동정산은 봉황산의 지맥 중 하나로, 해발 700m 이상이며, 월평균 기온 20도 이상의 고온입니다. 이곳은 가파른 지형으로 따뜻한 날씨임에도 안개가 많고, 비가 자주 내려 동정이라는 이름이 붙었고 이런 기후적 조건 때문에 차 재배에 적합합니다. 동정오룡차는 약한 발효를 시켰기 때문에 은은한 꽃향기와 함께 강렬하며 중후한 맛을 느낄 수 있습니다. 외관의 차 잎은 진녹색이면서, 회백색의 반점이 섞여있고 둥글게 뭉쳐져 있습니다.

녹차

녹차는 발효시키지 않은 차이며 푸른빛이 그대로 나도록 말린 찻잎 또는 그 찻잎으로 우려낸 물을 말합니다. 중국의 유명한 녹차류는 용정차와 벽나춘이 있습니다.

용정차龍井茶

용정차의 주산지는 절강성 항주 지역으로 이곳 '용정龍井'이라 불리는 샘에서 시작되어 이 샘으로 인해 '용정사'라는 절이 세워지고 산 이름 또한 '용정산'이 되었습니다. 용정차라는 명칭은 용정사에서 처음 재배되어 얻게 된 이름으로 용정에서 생산된 차를 용정차라 말합니다. 용정차 중에서는 서호西湖의 용정차가 가장 유명합니다.

벽나춘碧螺春

강소성 오현의 동정산에서 생산됩니다. 일반적으로 봄에 찻잎을 따서 나선형(스크루) 모양으로 만듭니다. '벽나춘'이란 이름은 청대 강희제가 태호를 순찰할 때 지어준 이름이며 청대 황궁으로 바치는 공차貢茶였습니다.

10.3 차의 양생 및 예절문화

중국의 서적인≪신농본초경神農本草經≫속에 신농씨는 약초를 가려내기위해 백 가지 풀의 맛을 보다 어느 날 칠십 가지의 독으로 중독되었지만 차를 마시고 해독되었다는 기록이 있습니다. 중국 최초의 차에 관한 소개는 차가 바로 약용기능을 한다는 것입니다.

기원 850년에 130살의 승려가 있었는데 선종宣宗 황제가 그에게 무슨 약을 복용해서 장수를 하는 것인지 물어보자, 승려가 말하기를 약은 평생 입에 대지 않았고 단지 차 마시는 것을 좋아했을 뿐이라고 답하였습니다.

명대 고련高濂의 양생경전≪존생팔천遵生八箋≫에서는 '사람이 좋은 차를 마시게 되면 갈증이 없어지고 소화가 잘 되며, 가래가 없어지고 잠이 많지 않게 되며, 소변이 원활하고 눈과 머리가 맑아지며 답답한 느낌을 없애주니 하루라도 마시지 않을 수 없다고 하였습니다.

차 우리기—포다泡茶

중국인이 차를 마시는 습관은 당 대부터 시작하여 송 대, 명 대, 청 대를 거쳐 현대까지 많은 변화가 나타났습니다.

당대의 찻잎은 대부분은 가공해서 다병茶餠으로 만들어 당 대 사람들은 차를 마시지 않고 찻잎을 먹었습니다. 우선 다병을 불에 쬐어 말린 다음 전용도구로 갈아서 박하, 소금, 대추, 생강, 그리고 약간의 향료 등을 넣어 장을 만드는데 이 장은 다른 음식과도 잘 어울려 즐겨 먹기도 합니다.

송대에는 중국의 차 문화가 상당히 발달되었고 차 제품도 다양하게 생산되어 이전보다 더 많은 연구가 이루어졌습니다. 찻잎의 색깔, 향기와 맛의 중요성이 높아지고 향신료가 점차 사라져가는 시대입니다.

명대에 이르러 다병은 거의 보이지 않게 되고 일반적으로 따뜻한 물을 이용하여 차를 만들어 마시게 되었습니다. 처음에는 차를 끓여 마시다가, 좀 더 시간이 지나서는 찻잎을 우려내어 마시게 되었습니다.

청대에 와서 차는 사람들의 일상과 긴밀하게 연결되어 도시의 다관茶館이 점차 홍성해짐에 따라 중국사회 각 계층 사람들의 중요한 사회활동 공간으로 모양을 갖추어 나갔습니다. 이렇게 발전하면서 다관 내 각 지역의 희곡곡예, 시 낭송회, 전통희곡, 등미燈謎(등불을 이용하여 수수께끼를 내는 것) 등의 다양한 민간문화 활동과 융화 되었습니다.

차의 예절문화

중국에서 차를 제단에 놓고 하늘에 제사하기 시작한 차제茶祭는 남제南齊의 세조世祖 무 황제 武 皇帝 때부터였습니다. 그 후에도 계속 이어진 차제茶祭는 청대 제왕들의 제천祭天의식 때도 차는 빠지지 않았습니다. 중국어에는 '以茶會友' 즉 차로 친구를 대접 한다는 뜻으로 친구가 집으로 방문하면 이야기를 주고 받으면서 늘 차 한잔을 마시는데 특히 중국문인들은 차로 손님을 대접하는 것을 좋아합니다.

중국사회에서는 자신보다 어른에게 존경의 표시로 늘 차 한잔을 바치는 습관이 있는데 지금까지도 일부 중국인들은 휴일이면 부모나 노인들을 모시고 차를 대접하곤 합니다. 이러한 전통은 중국사회 분위기가 전체적으로 점차 자유분방하게 변화해 가면서 중요한 명절 때만 주로 볼 수 있습니다. 그리고 일상생활에서 연장자가 아랫사람에게 차를 만들어 주는 것은 흔히 볼 수 있는 일이지만 아랫사람이 윗사람에게 차를 달라고 말하거나 기대하지는 않습니다.

만약 잘못해서 실수를 하여 미안한 마음을 보여주고 싶으면 중국인들은 늘 상대방에게 차 한 잔을 바치면서 사과를 하는데 이러한 습관은 홍콩의 상업사회에서 가장 보편적인 자신의 감정표현입니다.

청대부터 정치계에 왕래하는 손님들에게 차를 내놓는 것도 공식적인 예의 중 하나입니다. 찾아온 손님은 차를 받아놓고 바로 마시지 않습니다. 먼저 상대방의 말을 경청한 다음 모든 상의가 끝나면 주인이 늘 찻잔을 들어 차를 마시라고 말합니다. 이 때 손님은 스스로 알아서 일어나 돌아가야 합니다. 왜냐하면 주인이 찻잔을 드는 것은 모든 얘기가 끝났으니 그만 가도 좋다는 뜻이기 때문입니다.

중국 전통결혼식의 다례茶禮에서는 신랑과 신부가 부모에게 차를 바치는 의식이 있는데 부모는 잔을 들고 한 모금만 마시며 좋은 운이 많이 들어오라는 뜻에서 빨간색 봉투를 신랑, 신부에게 건네줍니다. 결혼하기 전에는, 남자가 청혼을 위해 여자의 부모님 댁에 갔을 때도 부모님께 차를 따라드리는데, 여기서 만약 부모님이 남자가 따라 준 차를 마시지 않으면 결혼을 반대한다는 뜻이고 마시게 되면 찬성한다는 의미도 있습니다.

중국인들은 보통 차를 마실 때 직접 말하지 않고 손짓으로 의사를 표현합니다. 예를 들면 주인이 손님의 잔에 차를 가득 따라주면 손님은 손으로 가볍게 탁자 위를 두드리면서 감사의 뜻을 보입니다. 이러한 습관은 청대부터 시작한 것으로 옛날 건룡 황제는 가끔씩 일반백성의 복장을 하고 각 지역을 순행 다닌 적이 있었습니다. 어느 날 순행 도중 한 다관에 들어가 자리에 모여 앉아 건릉황제가 친히 수행신하들에 차를 따라 주었습니다. 찻잔을 받은 신하들은 감사의 뜻으로 고개 숙여 절을 해야 하지만 황제의 신분을 밝히면 안되었기에 부득이하게 손으로 절을 하는 형식으로 탁자를 두드리며 감사의 뜻을 표했습니다. 이때부터 중국 전역에서는 찻잔을 채워준 감사의 표시로 탁자를 두드리게 된 것입니다.

찻집문화—다관 및 다예관

중국에서 찻집은 일반인들이 자주 다니는 활동공간입니다. 많은 모임은 찻집에서 이루어지고 중요한 행사도 찻집에서 열립니다. 주말의 찻집은 늘 사람들로 붐비고 명절에는 자리를 찾기가 힘들 정도입니다.

중국의 찻집은 당 나라 개원(713~714) 년간에 최초로 나타났으며 당시에는 명포茗鋪라고 불렀습니다. 명茗은 차라는 뜻이며 포鋪는 가게라는 뜻입니다. 명대에 들어서면서 '다관茶館'이란 이름이 나타나고 청대에 이르러 다관은 크게 발전하여 대중들의 활동장소가 되었습니다. 청대의 다관에서는 차뿐만 아니라 사탕, 과자瓜子, 춘권春捲, 소매燒賣, 교자餃子 등 차와 같이 먹을 수 있는 간식도 판매하였습니다. 다관 중에서는 특히 상해와 광동의 다관이 유명하며 차와 더불어 먹는 다양한 차 간식 또한 하나의 별미로서 사람들의 눈길을 끌고 있습니다.

다관 안에서는 사람들이 차를 마시면서 담화를 나누거나 다관에서 준비한 중국의 설창說唱희곡 같은 전통공연, 예를 들어 설서說書, 평탄評彈, 상성相聲 등을 관람할 수 있습니다. 당 대 대만에서 시작한 신세대 다예관茶藝館은 중국의 차 문화가 또 다른 절정기에 달하였음을 보여주고 있습니다.

70년대 이래 대만의 찻집이 흥성하기 시작하면서 홍콩, 마카오 뒤늦게 중국 본토에서도 어렵지 않게 찻집을 찾아볼 수 있으며 현재는 해외 중국인이 있는 곳이라면 어디든 찻집이 들어서 있습니다. 대만식 다예관은 특화된 다예 서비스를 제공하며 서비스하는 종업원들도 차에 관한 여러 가지 특별훈련을 받고 손님들 앞에서 차를 우리는 기법을 선보입니다. 이러한 차 문화를 알기 위해서는 일반적인 대중소비문화와는 다른 일정한 문화의 심도에 대한 이해가 선행되어야 이해할 수 있습니다.

11. 중국의 세시풍속과 전통명절

11.1 하력 및 중국의 세시풍속

중국의 세시풍속은 음력을 따르며 그 종류가 다양합니다. 음력은 중국의 전통역법 중의 하나이며 '하력夏曆'(중국 하대夏代에 창시된 역법)이라고도 하는데 여태까지 거의 전 세계 모든 중국인과 한국, 북한, 그리고 월남 등의 나라에서도 음력을 기준으로 전통명절을 지내고 있습니다.

중국역사상 102부의 역법이 있으며 그 중의 몇 부는 중국문화와 문명에 많은 영향이 끼쳤습니다. 예를 들면 하력夏曆, 상력商曆, 주력周曆, 서한西漢의 태초력太初曆, 수당隋唐의 대연력大衍曆 및 황극력皇極曆 등이 있었으며 비록 모두 정식으로 사용하지 않았지만 중국의 양생, 의학, 학술사상, 천문, 수학 등에 중대한 영향을 끼쳤습니다. 현재 사용하고 있는 음력은 중국 한대漢代에 전국을 통일했던 태초력을 바탕으로 정해진 역법이며 그 후 중국 각 나라가 수정을 가하긴 했지만 기본적으로는 대동소이입니다. 중화민국이 건국된 이후에는 서양의 역법과 민국民國 기년체紀年體를 같이 사용하고는 있으나 일반 민간에서 음력은 여전히 널리 지속적으로 쓰이고 있습니다.

11.2 중국의 중요한 전통명절

춘절春節

춘절은 음력 정월1일이며 동아시아 많은 지역의 전통명절입니다. 동시에 중국대륙, 마카오, 홍콩, 대만, 북한, 한국, 몽고, 월남, 미얀마, 캄보디아, 태국, 싱가포르, 말레이시아, 그리고 메이지 유신明治維新

전 일본 등에서 가장 중요한 명절로 여기고 있습니다.

전설에 따르면 중국의 상고上古시대 요순堯舜 시기 때 춘절과 같은 큰 행사가 이미 시작되었지만 정형화되지는 않았습니다. 은상殷商 시기에는 제사의식이 발달하면서 춘절의 기원이 되어 서주西周 시기에 이르러 모두가 즐기는 축제로서의 모습을 갖추기 시작하였습니다.

한대漢代에 와서는 정식적으로 춘절의 예의禮儀가 생기면서 폭죽놀이 이외에도 대나무를 불에 붙여 태우는 놀이가 이 시기에 시작되었습니다. 그 당시 조정의 관리들은 이 날 천자天子에게 단체로 절을 하는 의식을 하였는데 이를 '단배團拜'라고 합니다. 오늘날 일반회사에서도 일부 '단배'와 같은 의식이 계속되고 있습니다.

위진魏晉 시기에 와서 폭죽놀이가 나타났으며 '수세守歲'(섣달 그믐날 제야除夜에 집안 구석구석 등촉을 밝히고 밤을 새우는 풍습)의 풍속도 이때 형성되었습니다.

송대宋代에는 본격적으로 화약火藥을 이용한 폭죽을 제조하여 폭죽놀이는 더욱 발전하였습니다. 중국에서 춘절의 전통명칭을 '신년新年', '대년大年'이라 하고 음력의 정월1일은 '원단元旦'이라고 부르기도 하지만 일반인들 사이에서는 '과년過年'(설을 지냄; 새해를 맞이함)이라는 말을 더 많이 사용하고 있습니다. 일본은 1873년부터 음력을 정책적으로 정지시키고 단지 서력(양력) 1월 1일부터 3일간 신년행사를 합니다. 그러나 일본의 여러 지방에서는 여전히 음력을 쓰는 곳이 많이 남아있습니다. 중국문화의 영향을 받은 한국과 월남은 공식역법이 서력으로 바뀌었지만 민간에서는 여전히 음력으로 전통명절을 지내고 있습니다. 중국에서는 춘절이라고 하지만 월남에서는 '절원단節元旦'이라 부르고, 일본은 '구정월舊正月', 한국은 '신년'이라는 뜻으로 '설날' 혹은 일본과 비슷한 '구정舊正'이라고 부릅니다.

중국 최대의 명절인 춘절春節(한국의 설날에 해당함)은 한국과 비슷한 모습으로 지내는데 한국과는 달리 보통 1주일 이상 휴일이 이어집니다. 타지에서 일하는 가족들이 모두 모이는 날이므로 전국적인 귀성인파로 대규모 교통난이 일어나기도 합니다.

춘절 바로 전날인 섣달그믐부터는 폭죽을 터뜨리며 악귀를 쫓고, 대문 양쪽 윗부분에 빨간 종이에다가 붓으로 시구를 써서 붙이는데 이것을 '춘련春聯'이라고 합니다. 또한 음식을 먹으며 하루 밤을 꼬박 새우면서 새해를 맞이하는 풍습도 있는데 이것을 '수세守歲'라고 합니다. 춘절 아침에는 차례를 지내고 절을 하며 아이들은 한국의 세배 돈에 해당하는 '압세전壓歲錢'을 어른들에게 받습니다. 그리고 이 기간에 사람들은 지인들을 만날 때마다 꼭 '공희恭禧'라는 축하인사말과 한국말로 '돈 많이 버세요'라는 뜻의 '공희발재恭禧發財'라는 인사말을 합니다. 이후 거의 한 달 동안 계속되는 기간 중에 사자춤인 '무용무사舞龍舞獅'와 용춤이 등장하여 축제의 분위기를 한껏 드높입니다.

춘련春聯 중국에서 빨간 종이에 대구對句를 적어 문이나 기둥 등에 붙이는 풍습으로 붙이는 장소에 따라 대련對聯 · 영련楹聯 · 문련門聯 등으로 불리며, 새해를 맞이하기 위해 제야除夜에 써 붙이는 것을 특히 춘련이라고 합니다. 춘련의 풍속은 10세기 말 촉蜀나라 맹창孟昶이 침문寢門의 도부桃符에 '新年納奈慶 · 嘉節號長春'이라는 문구를 써 붙인 것이 시초가 되었다고 합니다. 그러나 이미 진秦 · 한漢시대에 섣달 그믐날 밤에 이신상二神像을 문에 장식하여 마귀를 쫓는 데 썼다고 하며 그것이 후에 문신門神의 원류가 되었습니다.

원소절元宵節

정월 대보름날 밤은 중국말로 '원소元宵' 혹은 '원소절'이라 부르며 다른 말로는 '등절燈節'이라 하여 등불놀이를 즐깁니다. 한국의 만둣국과 비슷한 '소'가 들어 있는 새알심 모양의 식품인 '원소'를 즐겨 먹습니다. 한국인이 설날에 떡만둣국을 먹으면 한 살 더 많아진다는 의미와 마찬가지로 중국인들도 '원소'를 먹으면 한 살 더 먹는다고 생각합니다.

역사기록에 의하며 원소절은 2000년 전 서한西漢 시기에 시작되었는데 한문제漢文帝가 백성들과 함께 즐기던 날을 기념으로 합니다. 원소절은 춘절 이후의 첫 번째 명절로 전통적인 설날의 축제 분위기가 원소절까지 이어집니다. 일 년의 대축제를 끝내는 마음으로 원소절에는 많은 사람들이 참여할 수 있는 각종 행사가 지역마다 빠지지 않고 열립니다. 예를 들면 '등회燈會'가 열리며 '시등미猜燈謎'라는 것을 하는데 '시등미'라 함은 원소절 전후 등롱燈籠이나 초롱에 수수께끼 문제를 붙여 놓고 사람들에게 알아맞히게 하는 놀이입니다.

이날은 아이들이 등롱을 손에 들고 온 마을을 돌아다니기도 합니다. 대만의 한 지방에서는 '방천등放天燈'의 풍속이 있습니다. '방천등'은 커다란 천등에 마음 속 소원을 적어놓고 열기구처럼 하늘로 날려 보내는 의식인데 이 의식도 중국인 사회의 중요한 명절행사 중의 하나가 되었습니다.

단오절端午節

단오절은 중국 3대 명절 중의 하나이며 매년 음력 5월 5일에 축제가 열립니다. 단오절은 다른 말은 '단양절端陽節', '오월절五月節',

'단오端午'이며 원래는 여름의 급성전염병(온역瘟疫)이 퍼지는 것을 방지하기 위한 행사였는데, 이후 중국에서는 단오절이 초楚 나라에 충정을 바치기 위해 강물로 투신한 시인 굴원屈原을 애도하는 마음과 그 날을 기리기 위한 명절이 되었습니다.

북조北朝 소양蕭梁 시기 당시 중국 각 지역의 세시풍속을 소개하는 서적인 ≪경초세시기荊楚歲時記≫에는 단오절에 배를 타고 경주하는 용선龍船 경기를 하였다는 기록이 있습니다. 이것은 중국인의 '용龍' 숭배사상에 영향을 받은 것입니다.

이 밖에도 단오절의 풍속으로는, 종자粽子라는 별식을 먹고, 웅황주雄黃酒라는 술을 마시며, 귀신을 쫓기 위해 대문에다 귀신을 심판하는 판관 '종규鍾馗'의 그림을 붙이고, 향 주머니인 '향낭香囊'에 웅황雄黃과 향료와 주사朱砂를 넣고 다니는 황동의 풍습이 있습니다. 또한 아이들의 손목에 오색실을 둘둘 감아 아무런 병 없이 장수長壽하기를 기원하며, 정오에 생계란을 세워 다음 해에는 좋은 운이 찾아들기를 빕니다.

중추절中秋節

음력 8월 15일인 중국의 중추절은 한국의 추석秋夕에 해당합니다. 중국의 3대 명절 중 하나이며 온 가족들이 단란하게 모여 월병月餅

을 즐겨먹으면서 달맞이를 합니다. 중추절은 단지 중국인의 명절만이 아니라 중화문화의 영향을 받은 일본, 월남, 한국과 북한도 이 명절을 지냅니다.

'중추'란 말은 최초로 ≪주례周禮≫≪예기禮記・월령月令≫속에 나타나다 당대 이후에 중추절은 고정된 명절이 되었습니다. 전설에 당태종唐太宗은 신선들의 세계인 월궁月宮으로 꿈을 꾸듯 유람하다 아름다운 곡조인 예상우의곡霓裳羽衣曲(신선들의 세계인 월궁의 음악을 본떠 만들었다는 곡조)을 받은 후부터 민간에서 중추절을 지내기 시작하였다고 합니다. 일반적으로 중추절은 송대宋代에 성행하기 시작하여 명・청明清 때까지 중국의 큰 전통명절이 되었습니다.

중국의 음력을 따르면 음력 8월은 가을의 두 번째 달로 '중추仲秋'(중仲은 두 번째라는 뜻)라고 하여, 민간에서 '중추中秋'(가을의 한가운데), '추석秋夕', '팔월절八月節'(8월 명절), '월절月節'(달의 명절) 등의 호칭이 있습니다. 그리고 이날 달의 모양은 둥그런 보름달로 흩어져 있는 가족들이 보름달같이 둥그렇게 다시 모인다는 뜻으로 중추절을 '단원절團圓節'이라고도 합니다. 중국인들 사이에서는 늘 '월원인단원月圓人團圓', 즉 달은 둥글게 떠오르고 온 가족은 다시 모인다는 의미를 가지고 있습니다. 추석날 밤에 가족들이 함께 먹는 밥을 '단원반團圓飯'이라 하고, 함께 마시는 술은 '단원주團圓酒'라고 합니다. 또한 이날에 사람들은 중국에서 전래되는 '항아분월嫦娥奔月(중추절의 기원을 이야기한 중국의 고대신화)'의 전설을 늘 이야기합니다.

항아분월도嫦娥奔月圖 '항아분월'의 고사는 중국인들이 매년 중추절이면 늘 즐겨 듣는 전설입니다.

12. 중국의 문화도시

12.1 역사고도

중국에서는 '국가역사문화명성'이라는 호칭을 제정하여 중요문물을 지정하고 보호합니다. 이는 중화인민공화국국무원이 확정하고 고시하는 것으로 국가역사문화명성은 1982년 북경대학교 후인지侯仁之, 건설부 정효섭鄭孝燮과 고궁박물원 단사원單士元 세 명의 제의로 만들어졌으며 지금까지 중국이 고시한 국가역사문화명성은 109개에 달하고 있습니다.

중국의 역사문화명성은 주로 일곱 종류로 나누었습니다. 예를 들면 북경과 서안 같은 고도古都형 도시가 있고, 건축과 산수풍경의 조합으로 형성된 도시인 귀림과, 소주 등의 명승名勝형 도시가 있고, 지역특색이 강하여 독특한 성격을 가진 도시인 여강麗江와 라사拉薩 같은 지방민족 특색형 도시, 역사상 어떤 사건이나 단계를 반영하는 건축물들을 갖춘 상해 같은 근・현대사형 도시, 도시 중 특정한 기능을 갖추고 역사상 뛰어난 지위가 있는 특수기능형 도시 등이 있습니다.

역사고도歷史古都

중국에서는 고도를 병칭하는 전통이 있습니다. 예를 들면 4대 고도, 5대 고도, 6대 고도, 7대 고도, 8대 고도 등이 있습니다. 4대 고도라는 것은 중국 최초 역대 주요고도를 병칭하는 것이며 4대 고도는 서안, 낙양, 남경과 북경을 지칭합니다. 5대 고도는 1920년대 학술계에서 제기된 것으로 개봉을 포함하여 5대 고도를 형성하고 있습니다. 6대 고도는 1930년대 시작하여 항주를 고도에 포함시키면서 학계에 큰 영향을 미쳤습니다. 7대 고도는 1988년 지리학자 담기상譚其驤이

안양安陽을 대고도大古都라 제기하여 그 때부터 7대 고도란 말이 생겼습니다. 8대 고도는 2004년 11월5일 중국 고도학회회장 주사광朱士光이 정주鄭州가 기존의 7대 고도와 더불어 중국 8대 고도에 편입되었음을 고시한 것이 계기가 되었습니다.

소위 소도는 중국에서 경성京城, 경도京都, 경기京畿, 경사京師 등의 명칭이 있으며 중국 주요 왕조의 소도는 민간에서는 방위方位 순서로 분류하는 전통이 있습니다. 동경東京은 오늘날의 개봉開封이며, 낙양도 한 때 동경이라 불렀습니다. 서경西京은 오늘날의 서안이며 역사상에는 장안이라고도 불렀습니다. 그리고 낙양은 송 대 서경으로 칭한 적도 있었습니다. 남경南京은 바로 오늘날의 남경이며 역사상 금릉金陵이라고도 불렀습니다. 북경北京은 바로 오늘날의 북경이며 예전의 다른 명칭으로는 연경燕京, 북평北平, 대도大都 등 다양한 명칭을 가지고 있었습니다.

각 나라의 영토와 통치범위를 따라 도시의 호칭도 달라진 경우가 있습니다. 지리적 위치를 보면 중국의 5대 고도는 낙양이 가운데에 위치하여, 개봉은 동쪽, 서안은 서쪽, 남경은 남쪽, 북경은 북쪽에 있으며 낙양, 개봉, 서안은 모두 중화문명의 발원지인 중원中原 지대에 위치하였고, 근대에 가까울수록 중국의 소도는 주로 남경과 북경으로 이전하는 경향을 보이고 있습니다.

실크로드의 출발지 — 서안西安

서안은 서주西周, 진秦, 서한西漢, 신新, 동한東漢(헌제獻帝 초), 서진西晉(민제愍帝), 전조前趙, 전진前秦, 후진後秦, 서위西魏, 북주北周, 수隋, 당唐 등 13개 왕조가 수도로 정한 지역입니다. 중국 역사상 가장 많은 왕조가 들어선 곳이며, 그 역사도 가장 길어 약 1,100년을 자랑하고 있습니다. 그리고 수많은 농민봉기가 이곳에서 일어나 영향력도 가장 큰 도시라 할 수 있으며 유명한 실크로드의 시작 지점입니다.

서안은 고대 장안長安이라 불렀고 화하문명 발원지 중의 하나로서 가장 번성했던 시기는 장안이라 불렸던 당 나라 때입니다. 서안은 7,000년의 문명역사를 가진 고도로, 17차례에 걸쳐 왕조와 정권이 뒤바뀐 중국의 수도였으며 중국정치경제문화의 중심인 동시에 일찍이 개방된 도시 중 하나입니다. 과거 마르코 폴로가 <동방견문록東方見聞錄>에서 실크로드의 출발지로 기술하였던 이곳은 1981년 연합국교과문조직聯合國敎科文組織(UNESCO)이 '세계역사명성世界歷史名城(세계문화유산)'으로 지정한 역사의 중심지입니다.

서안 시내에는 문화유산 자원이 상당히 풍부하여 예를 들면, 서안 남쪽 교외에 있는 자은사慈恩寺의 대연탑大雁塔은 현장玄奘이 창건한 45m의 7층 전탑磚塔으로 그 위에서 보는 관중분지關中盆地(관중關中이라 하는 이유는 동쪽으로는 함곡관函谷關에 이르고, 서쪽으로는 무관武關, 남쪽으로는 산관散關, 북쪽으로는 소관蕭關에 이르고 있어, 네 관문의 한가운데 있기 때문에 붙여진 것)의 풍경이 뛰어납니다.

그밖에 북서쪽에 있는 천복사遷福寺의 소연탑小雁塔, 양귀비楊貴妃가 목욕을 했다고 전해지는 화청지華淸池와 무누사無漏寺 등이 유명합니다. 또 성내에 있는 역사박물관(옛 공자 묘)에는 부근에서 출토된 유물들이 전시되어 있고, 북쪽의 비림碑林에는 당唐과 송宋 나라의 고비古碑(오래된 옛 비석)가 많이 보존되어 있습니다.

여산驪山은 서안에서 30km 떨어진 동현의 여산원驪山園에 있는 야산으로 기원전 246년에서 208년까지 39년간 공사를 했으며, 지금의 황릉이 있는 야산은 옛 진 나라의 수도 함양咸陽의 서쪽 부근에 위치하고 있습니다.

세계에 널리 알려져 있는 유명한 진시황릉秦始皇陵은 중국 최초의 황제인 진 나라 시황제始皇帝의 무덤으로 병마용갱兵馬俑坑은 진시황릉에서 1km 가량 떨어져 있는 유적지로서 흙을 구워 만든 수많은 병사와 말 등의 모형이 정렬되어있는 갱도입니다. 1974년 한 농민이 우물을 파다가 우연히 발견되어 지금까지 모두 네 개의 갱도가 발견되었습니다.

명성을 지닌 역사의 고도—낙양洛陽

고대 명칭은 '낙읍洛邑'이며 중국의 저명한 역사문화의 명성을 지닌 여행도시입니다. 동주, 동한, 조위, 서진, 북위, 후양, 후당, 후진의 아홉 왕조가 번갈아 가며 이곳을 약 700년 동안 수도로 삼았습니다.

중국의 7대 고도로 꼽히며, 서안과 더불어 중국 역사상 빈번히 국도國都가 된 곳으로 유명합니다. 기원 전 11세기에 주周 나라 성왕成王이 동방경영의 기지로 축성한 데서 비롯되었으며, 당시에는 낙읍洛邑이라고 하였습니다. 그 뒤 기원전 770년에 주 왕조가 현재의 섬서성陝西省의 호경鎬京에서 낙읍으로 천도한 뒤 동주東周의 국도로서 번영하였고, 이후에는 후한後漢, 삼국三國의 위魏, 서진西晉도 이곳에 도읍하였는데, 후한 때부터 도성의 규모가 남북 9화리(華里: 1화리=0.5km), 동서 6화리였기 때문에 구륙성九六城이라고도 불렀습니다. 한편 정식명칭은 전한前漢 때에 낙양으로 불렀다가, 후한이 기원 25년에 수도로 정하면서 현재의 명칭인 낙양으로 고쳤습니다.

그 뒤 북위北魏가 화북을 평정한 후 기원전 493년에 효문제孝文帝가 산서山西의 대동大同에서 이곳으로 천도하여, 구륙성을 중심으로 시역市域을 동서 20화리, 남북 15화리로 확장하였습니다. 호수戶數는 약 11만, 불사佛寺 1,378을 헤아렸던 당시의 모습이 양현지楊衒之의 ≪낙양가람기洛陽伽藍記≫에 기술되어 있습니다. 문화유적으로는 중국 최초의 불교사원인 백마사白馬寺, 그리고 중국 미술사상 중요한 문화재로 꼽히는 용문석굴龍門石窟이 있습니다.

백마사白馬寺 동한 영평 11년(68년)에 창립된 사원으로 불교가 중국으로 유입된 이후 최초로 건축되었습니다. 백마가 불경을 등에 지고 이동한 것을 기념 삼아 사찰 이름을 '백마사'라고 부릅니다.

현재 중국의 수도—북경北京

북경은 '오조제도五朝帝都' 즉 요遼, 금金, 원元, 명明, 청淸 다섯 개 왕조의 수도로 정해진 도시입니다. 각 시대에 따라 도시의 이름도 달라져 요대는 연경燕京, 금조는 중도中都, 원조는 대도大都, 명조부터 북경이라 부르기 시작하여, 청조가 중원으로 들어와서도 북경의 명칭은 변하지 않았습니다. 중화민국 북양정부 시기 당시 북경이란 명칭이 바뀌지는 않았지만 북벌 성공 후 새로운 국민당 정부는 남경을 수도로 세우고 북경을 북평北平으로 개칭하였습니다. 북경은 현재 중화인민공화국의 수도로 하북성河北省에 둘러싸여 있으며 동쪽으로는 천진시天津市와 접해 있고 인구는 중국에서 상해上海 다음으로 많습니다. 북경은 말 그대로 북쪽의 수도를 일컫는 말인데 일반적으로 동아시아에서는 전통적으로 수도의 이름을 이런 방식으로 짓는 경향이 있습니다. 다른 도시들인 일본의 교토(京都경도), 대한민국의 서울(京城경성)이 단순히 수도를 뜻하는 것처럼, 중국의 남경南京은 남쪽의 수도를 의미하고, 일본의 도쿄(東京동경), 베트남의 통킹(東京오늘날 하노이)은 양쪽 모두 '동쪽의 수도'를 의미합니다. 여기서 북경과 남경은 중국 내륙에 있는 서안을 중심으로 지은 이름입니다.

중남해中南海

북경의 도심지역은 도시의 중남부 지역에 위치하고 있으며, 도시에서 작은 부분이지만, 도시의 확장이 시작되는 부분입니다. 도심지역은 몇몇 위성도시로 이어지는 가장 먼 육환六環(여섯 개의 동심원 형태)의 벨트로 뻗어있습니다. 천안문天安門과 그 광장은 북경의 중심부에 있고, 중국 황제의 옛 거주지였던 자금성의 남쪽에 위치하고 있습니다. 천안문 서쪽 중남해中南海는 중화인민공화국 수장들의 집단 거주지입니다. 북경의 동에서 서쪽으로 가로질러 가면 북경의 중심지 가운데 하나인 장안가長安街가 있습니다.

천안문사건 1989년 6월 4일 미명에 민주화를 요구하며 베이징의 천안문 광장에서 연좌시위를 벌이던 학생·노동자·시민들을 정부가 계엄군을 동원하여 탱크와 장갑차로 해산시키는 과정에서 발포하여 많은 사상자를 낸 사건.

기원전 1000년경 춘추전국시대 나라 중 하나인 연燕 나라는 수도인 계薊를 오늘날 북경이 있는 곳으로 정했습니다. 연의 멸망 이후 계속해서 진秦, 한漢 그리고 진晉 왕조가 이곳에 지방 현을 설립하였고 당唐대에는 현재 하북河北의 북쪽 지역에 실질적인 군 통치자인 범양 절도사 본부를 설치하였습니다. 755년 이 곳에서 '안사의난安史之亂'이 일어났기 때문에 보통 이 지역은 당 왕조가 중앙정부로서의 통제력을 상실하기 시작한 전환점으로 여겨집니다.

북경은 1425~1650년 그리고 1710~1825년까지 세계에서 가장 큰 도시였고 현재 북경의 주요 관광명소인 천안문은 중화인민공화국의 상징으로 변질되었습니다. 천안문은 명나라 왕조시기에 두 번이나 불에 탔으나 1651년에 마지막으로 재건된 것입니다. 만주족이 명나라 왕조를 멸망시키고 그 곳에서 청淸 왕조를 세운 뒤에도 북경은 청의 통치기간 동안 중국의 수도로 남아 있었습니다.

북경 출신의 사람들은 거의가 북경 방언을 사용하는데 이것은 중국어를 다시 나눈 관화官話(중국 표준어의 다른 말)에 속한 것입니다. 북경 방언은 표준 만다린의 기초로 이 언어는 중국인민공화국, 대만의 중화민국, 그리고 싱가포르 국민들이 주로 사용하는 언어입니다. 북경의 외곽에 거주하는 시민들이 사용하는 말은 하북 지방의 방언과 유사한 그들만의 방언으로 북경 전 지역에 퍼져 있습니다.

호동胡同(몽고어에서 유래된 말로 북경의 좁은 골목을 뜻함)은 북경의 오래된 도시의 내부를 그물망처럼 연결하고 있는데 보통 직선의 형태로 동에서 서쪽으로 이어지고, 출입구는 북쪽과 남쪽을 향하고 있습니다. 그 폭은 다양해서 어떤 것은 동시에 보행자가 불과 몇 명밖에 지나갈 수 없을 정도로 매우 좁은 곳도 있습니다.

북경 호동

화중지방의 학술, 문화 중심지—남경南京

남경은 동오東吳, 동진東晉, 남조南朝(송宋, 제齊, 양梁, 진陳 4조), 남당南唐, 명明, 태평천국太平天國, 중화민국中華民國의 수도입니다.

삼국시대의 남경은 건업建業이라 하였고, 서진西晉 시대에는 황제의 이름을 피하기 위하여 건강建康으로 개명하였습니다. 남북조南北朝 시기 네 개의 왕조 모두 이곳에 수도를 세웠으며 동오東吳와 동진

東晉 두 왕조를 합하여 남경을 '육조고도六朝古都'라고도 부릅니다. 주원장朱元璋은 원조元朝를 뒤집고 명明나라를 세우면서 남경을 수도로 정하였고 명성조明成祖 때 북경으로 천도했을 때도 남경을 여전히 남도南都라 하여 수도의 지위를 부여 하였습니다. 후에 손문孫文이 주도한 신해혁명辛亥革命으로 청조淸朝는 멸하게 되고 한족이 주도한 중화민국이 건국되어 남경은 중화민국의 새로운 수도로 정해졌습니다.

손문을 이어 원세개는 북양정부를 세운 후 수도를 북경으로 이전하였으나 그 후 1927년 장개석이 북벌승리 후 다시 남경으로 이전 하였습니다. 항일전쟁 시기(1937-1945년) 국민당 정부는 중경重慶으로 수도를 이전하여 중경을 임시정부로 정하였고 1949년 장개석이 이끄는 국민당 정부가 국공내전에서 패하여 대만으로 철수하기 전에 중국의 수도는 남경에 있었습니다.

남경은 현재 강소성江蘇省의 성도省都(성의 수도)로서 일찍이 전국시대 초楚나라의 금릉읍이 있었던 곳으로 삼국시대인 229년에는 오吳나라의 손권孫權이 건업建業이라고 개칭하여 이곳에 도읍을 정한 뒤부터 강남江南의 중심지로 발전하였습니다. 당 나라 때에는 금릉金陵 외에도 여러 명칭으로 불리다가 몇 대를 거쳐 명나라의 도읍지가 되어 처음에 응천부應天府, 뒤에는 남경으로 불렀습니다. 현재의 명칭은 당시에 비롯되었으며, 현존하는 주위 34km의 성벽도 그때 축조되었습니다.

진회하도秦淮河圖 청조 도광27년(1847년) 진회하. 진회하는 남경지역 장강 다음으로 가장 큰 강이며 남경의 어머니로 간주하고 있습니다. 육조시대 진회하는 상당히 번화하였고, 명·청시대 역대 최대의 과거 시험장인 강남공원江南貢院이 진회하 강가에 설립되었습니다.

서쪽과 북쪽은 장강에 접해 있고 북쪽에 막부산幕府山, 오룡산烏龍山, 동쪽에 자금산紫金山, 남쪽에 우화대雨花台, 서쪽에 청량산淸涼山 등이 솟아있어 군사적 요지를 이루고, 또 주변에는 호성하護城河, 진회하秦淮河 같은 하천과 현무호玄武湖 등의 호수가 있어 지형의 변화가 다양합니다.

남경은 화중華中 지방의 학술, 문화의 중심지이며 역사적 배경으로 인하여 명승고적이 풍부하기로 유명합니다. 자금산 남쪽에는 손문孫文의 무덤인 중산능中山陵이 있고, 그 서쪽에 명나라 홍무제洪武帝의 효능孝陵이 있습니다.

북송 동경—개봉開封

개봉의 역사는 유구하여 '칠조고도七朝古都'라고도 합니다. 고고학 자료를 살펴보면 일찍이 신석기시대부터 이곳에서 황동을 사용하였다고 기록되어 있으며 하夏 대에 건설한 성은 지금까지 2,700년이 넘었습니다. 춘추시대 정장공鄭莊公은 오늘날의 개봉 성남 주선진朱仙鎮 고성촌古城村 부근에 성을 만든 후 계봉啓封이라 명명 하였습니다. 기원전 약 362년 전국시대에 위혜왕魏惠王이 이곳에 천도하여 '대양大梁'성을 건설하였는데 오늘날 개봉시의 위치는 바로 옛 대양성이 있던 곳입니다. 서한西漢을 거쳐 오대五代 시기의 후양後梁, 후진後晉, 후한後漢, 후주後周 등의 왕조는 개봉을 수도로 삼았고 특히 북송北宋시대에는 개봉에서 아홉 명의 황제가 나왔으며 168년이 되는 해에는 북송의 수도가 되었습니다. 북송시대의 개봉은 '동경東京변양汴梁'이라고 하여 번성기에 달하였습니다. 당시 동경의 경제는 번영하였고 많은 인구와 더불어 문화생활도 흥성하여 역사상 '팔황쟁주八荒爭湊, 만국함통萬國咸通'이라 할 만큼 당시 북송 동경의 활발한 외교적 왕래와 사회적 풍요로움이 묘사되고 있습니다.

현재 일반인들이 개봉의 이름을 알고 있는 이유는 북송시대의 정치가 포증包拯의 고사를 바탕으로 제작한 드라마 <판관 포청천包青天> 때문입니다. 중국에서도 이 드라마의 주제곡 첫 소절의 '開封有個包青天, 鐵面無私辨忠奸'(개봉부에 포청천이 있으니 감정과 인정에 구애됨이 없이 공평무사하게 충신과 간신을 판별하네)이라는 글귀가 있습니다. 현재 개봉 시내에서 한 30분 정도 거리를 지나면 포공호包公湖란 큰 호수변에 포공사包公祠가 있는데 포공을 기리기 위해 만들어진 이 사당은 원래 포증이 살던 집이라고 합니다.

북위 때인 555년에 건축된 대상국사大相國寺는 당 나라 예종 때와서 상국사相國寺로 명칭이 변경되었습니다. 국민당 시절, 일본 침략에 앞서 일본인들 손에 절이 훼손되는 것을 꺼려하여 국민당군의 한 실세가 절을 태우고 절에 있는 천수보살을 태우려 하자 하늘에서 번개가 내리쳐 모두 놀라 흩어지는 바람에 상국사에서는 천수보살만

이 유일한 진품으로 남아있었다는 실화가 있습니다.

항주杭州

항주는 오대십국五代十國시기 오월국吳越國의 수도였습니다. 금나라가 북송北宋을 멸망시키자 황족皇族 조구趙構는 남쪽으로 도망가 당시 임안臨安(항주의 옛 이름)이었던 현재의 항주로 들어가 남송南宋의 수도로 삼았습니다.

항주는 현재 절강성浙江省의 성도이며 전당강錢塘江의 하구에 위치하고 있고 서쪽 교외에 서호西湖를 끼고 있어 소주蘇州와 함께 아름다운 고장으로 알려져 있습니다.

7세기 수隋 나라가 건설한 강남하江南河, 즉 대운하大運河 일부의 종점으로서 남송 시대에는 수도가 되었으나 임시수도라는 뜻에서 행재行在라고 하였다가 후에 임안臨安이라고 개칭하였습니다. 10세기 이후에는 외국선박의 출입도 많아 원대에는 마르크 폴로, 이븐 바투타 등이 이곳을 방문하여 항주의 옛 이름인 행재行在가 와전된 '킨자이(khinzai)', '(khanzai)' 등의 명칭으로 유럽에 소개되었습니다. 19세기에 태평천국의 난으로 대다수 파괴되었고, 남경조약에 의해 상해가 개항되자 항구로서의 주도적인 번영은 상해로 넘겨주게 되었습니다. 오늘날은 성도로서 정치, 경제, 문화의 중심지이며 최고급 녹차로 알려진 용경차龍井茶의 산지로 전통적인 직물공업을 바탕으로 근대적 설비에 의한 견絹, 면직포, 염색 등의 공업이 발달하였습니다.

경항대운하京杭大運河 경항대운하는 춘추전국시대 양주에서부터 개척되어 지금까지 2500년의 역사를 갖고 있으며 세계에서 가장 긴 고대 운하로서 총길이가 2,700m에 달합니다.

안양安陽

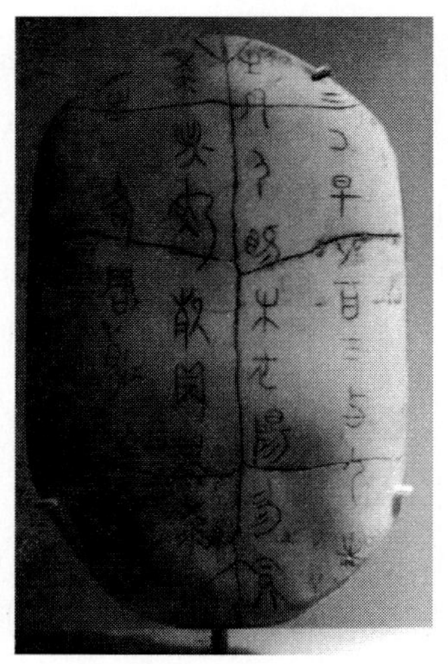

갑골문자甲骨文字 중국 상商나라 때 길흉화복을 점치는 데 사용했던 귀갑龜甲(거북이 등껍질)·우골牛骨(소뼈)에 새긴 문자.

상고上古적 삼황오제三皇五帝시대 수도로 세워졌다고 전해지는 안양은 한때 상商나라의 수도였다가 한대漢代 말 이후 연이어 위魏, 조趙, 연燕 등 6개 왕조의 수도가 되었습니다.

청淸말 이곳에서 갑골문甲骨文이 발견되어 약 15만 조각의 출토와 함께 청동기 약 만점과 많은 양의 도자기, 골기, 석기 등도 발견되었습니다. 2006년 7월13일 안양의 은허殷墟는 UNESCO 세계문화유산에 등록되었습니다.

정주鄭州

4000여 년 전 하나라 때 대우大禹의 아들 계啓는 양성陽城(현재 정주)에 수도를 세웠다는 전설이 있습니다. 정주에는 3,000여 년 전 상나라 때의 유적지가 있으며 일부 학자들은 그곳이 상조商朝의 호도亳都(도시 이름)라고 주장합니다. 기원 전 11세기 서주西周 시대 주왕周王은 남동생 관숙管叔을 시켜 정주를 다스리게 하였고 관국管國이라고도 칭하였습니다. 춘추시대 정주는 정 나라 대부大夫(관직명) 자산子産의 봉지封地(수여 받은 땅)였고 춘추전국시대에는 전후 500년 동안 정국鄭國과 한국韓國(중국 내 소국의 명칭)의 수도였습니다.

숭산 소림사崇山少林寺 소림사는 등봉 숭산嵩山에 위치하며 소림무술의 발상지입니다. 당대 선종禪宗과 무술로 유명하여 남송, 원대, 청대 한족 사람들은 이곳에서 무술 배우는 것을 금하였습니다. 현대에 와서 소림사는 각종 무술영화를 통해 큰 인기를 얻었습니다.

12.2 명승 도시

중국 강소성江蘇省 남동부 태호太湖 동쪽 기슭에 있는 역사적인 도시로 일찍이 춘추전국시대에 오 나라의 국도國都로 발전하였다가 그 뒤 역대에 걸쳐 주변 지역의 행정 중심지로 중시되어 왔습니다. 수隋 나라 때 대운하가 개통되면서 강남미江南米의 수송지로 활기를 띠어 항주와 더불어 '상유천당 하유소항 上有天堂, 下有蘇杭(하늘에는 천국, 땅에는 소주와 항주)'이라 불릴 정도로 번영하였습니다.

상해가 개항되기 전까지는 오송강吳淞江의 수송운송을 이용한 외국무역도 활발하였고 전통적인 견직물과 자수제품이 유명합니다. 명나라 이후부터 면포의 생산도 많아졌고 제2차 세계대전 후에는 근대공업이 본격적으로 발달하였습니다.

시가지는 둘레 23km의 성벽으로 둘러싸인 옛 성 안쪽과 그 바깥의 신시가지로 나뉘는데 시내에 운하망運河網이 발달되어 '물의 도시水都'라고도 부릅니다. 사학가 고결강顧頡剛은 소주를 '중국제일고성中國第一古城'이라 고증하기도 하였습니다.

소주는 중국에서 가장 아름답고 미묘한 도시로 기본적으로 '수륙병행, 하가상린 水陸並行, 河街相鄰'(육로와 수로가 나란히 더불어 존재함)의 구조를 보존하고 있습니다. 소주 지역은 하망河網(하천의 구조)이 밀접하여 시내는 강남수망江南水網의 중심지로서 전국에서 하천이 가장 밀집된 지역으로, '수향택국水鄕澤國', '천하량창天下糧倉', '어미지향魚米之鄕', '인간천당人間天堂', '시조지도絲綢之都' 등의 호칭을 오래 전부터 받아왔습니다.

옛 관료와 지주들이 꾸민 정원들이 많아 '정원의 도시庭園都市'라고도 부르는데, 4대 명원名園으로 꼽히는 창랑정滄浪亭, 사자림獅子

林, 拙政園졸정원, 유원留園 외에 한산사寒山寺 등의 명승고적이 많습니다.

졸정원拙政園 명나라 가정 연간(1522–66년)에 서시태徐時泰가 개인정원으로 만든 곳으로 졸정원과 창랑정滄浪亭, 사자림獅子林, 유원留園 등과 더불어 중국 4대 정원의 하나입니다.

계림桂林

계림은 광서성廣西省 장족壯族 자치구 북동에 위치하고 있으며 광서 장족자치구의 가장 중요한 관광도시입니다. 빼어난 풍치로 예로부터 '계림산수갑천하桂林山水甲天下'(계림의 풍광은 천하제일이다)라는 명성을 들을 정도로 세계적으로 유명한 관광지 중의 하나입니다. 특히 독특한 모양의 기암괴석으로 유명하고, 이 기암괴석은 카르스트지형인 이곳에서 지각변동으로 인해 해저가 지형적으로 돌출하여 만들어진 것으로 이러한 기묘한 형태의 지형은 각종 영화의 배경장소로도 이용되었습니다.

소흥紹興

소홍은 중국의 저명한 수향水鄕(물의 도시), 주향酒鄕(술의 도시), 그리고 교향橋鄕(다리의 도시)으로 알려져 있습니다. 소홍은 그 경치가 아름답고 수려해 예로부터 많은 문필가와 정치가들을 배출하여 중국 근대문학사의 대표적인 작가 노신魯迅의 옛집 삼미서옥三味書屋이 있고, 노신기념관도 있습니다. 춘추전국시대에 월왕越王 구천句踐에 의해 건설된 월국의 도읍지로 역사가 깊은 도시이며, '와신상담臥薪嘗膽'의 고사도 이곳에서 나왔습니다. 부근에서 수, 당 시대의 분묘군이 발견되었고, 난정蘭亭, 월왕대越王台 등의 역사적인 고사와 관련 된 명승지가 많습니다.

시내에 작은 다리가 많기 때문에 수향교도水鄕橋都라는 별칭도 있습니다. 부근 일대는 논농사 지대로 양질의 쌀이 생산되고, 찹쌀로 빚은 소홍주紹興酒는 지역의 특산주로 유명합니다.

여강麗江

여강은 중국 운남雲南 북서부에 자리 잡은, 원만한 지세로 소수민족의 고성古城을 상당히 완벽하게 보존한 도시입니다. 여강 고성은 송·원 시대 이후 형성된 역사적인 양상을 보존하고 있어 납서納西 문화의 정수를 보여주고 있고, 여강 고성 특유의 아름다움으로 오래 전부터 중국국무원 국가역사문화명성과 UNESCO 세계문화유산으로 지정되었습니다.

여강은 예로부터 '실크로드'와 '차마고도茶馬古道(비단길 이전에 사용되었던 오랜 된 무역로)'의 중계지점이며 중국역사문화명성 중 유일하게 성벽이 없는 고성입니다. 명대 저명한 여행가 서하객徐霞客의 ≪전유일기滇遊日記≫ 속에는 여강고성 안에 있던 관리자인 토사土司의 관저는 화려하고 그 아름다움은 왕궁과도 비교된다(宮室之麗, 擬於王者)고 기술하였습니다.

여강에는 중국 유일의 납서족 자치헌이 있으며 그들의 동파문화東巴文化는 세계에서 유일하게 완벽하게 보존된 '살아있는 상형문자'(活著的象形文字)로 알려져 있습니다.

香格里拉, Shangrila 1933년, 영국의 소설가 James Jilton(1900–1954)은 장편소설 [잃어버린 지평선]을 발표했습니다. 영국의 외교관과 동료 세 명이 비행기를 타고 가던 중, 연료가 떨어져 중국 서남부의 눈 덮인 산악지역에 불시착 하게 됩니다. 그들은 장족(藏族)노인의 도움을 받아 구조된 후 다음날 잠에서 깨어나자 너무나도 아름다운 광경이 그들의 눈앞에 나타났습니다. 그들은 하얀 눈으로 덮인 산의 줄기, 눈부신 햇살, 짙은 색의 꽃들, 노루와 양떼들, 그리고 장족 사람들의 즐겁고 평화로운 삶을 체험하게 되었습니다. 현지 사람들의 도움을 받아, 그들은 자신들의 나라로 돌아갈 수 있게 되었고 시간이 흘러, 그들은 다시금 그 지역을 찾아 나섰지만 꿈과 같은 그 곳을 다시 찾아내지는 못했습니다. 다만 장족사람들의 한마디 말만 기억하는데, 바로 "香格里拉(Shangrila)" 입니다. 그 소설은 출판되자마자 폭발적인 반응을 얻게 되고, 1944년, '아름다운 Shangrila' 라는 노래로 많은 사람들의 입에 회자되었습니다.

납살拉薩(라사, Lasa)

라사는 티베트 남부 넓은 곡저평야에 자리하고 있습니다. 명칭이 평야일지라도 해발고도는 3,600m에 달하고, 연평균기온 16.7도를 유지하여 혹한과 혹서는 비교적 없는 편입니다. 중국서장(西藏, 티베트) 자치구의 인민정부 소재지이며 예로부터 티베트의 정치, 경제, 문화의 중심지이고, 티베트 불교의 성지로 1982년 국가역사문화명성으로 지정되었습니다.

라사는 티벳트어로 '신의 땅'이라는 뜻을 지니며, 그 기원은 당나라 시대인 7세기 초 토번吐蕃의 왕이 이곳에 거주하면서 국가통일을 이룩한 데서 비롯되었습니다. 그 뒤 정교일치政教一致의 라마교 및 정치의 중심지가 되어 특히 명 나라 말 이후에는 라마교 황모파黃帽派의 수장인 달라이라마의 본거지로 그 밑에 티베트 지방정부가 생겨났습니다. 그와 같은 정교일치政教一致의 체제는 1959년 3월 제14대 달라이라마가 중공군에 쫓겨 인도로 망명할 때까지 지속되었습니다. 달라이라마의 겨울궁전인 포탈라궁은 17세기 제5대 달라이라마가 건조한 13층의 건물로, 궁전 바깥쪽은 전체로서 하나의 요새를 이룹니다.

초기 티베트역사는 거의 입으로 전해왔을 뿐 특별한 문서가 없었기 때문에 많은 이견들이 분분하였습니다. 티베트의 전설에 따르면 기원전 7세기에 송찬간부松贊干布는 이미 토번吐蕃 왕국을 통치하였고, 기원전 641년 티베트의 모든 지역을 정복한 후, 당시 당 나라의 공주였던 문성공주와 결혼하였습니다. 이 전에 네팔 왕국의 척존尺尊 공주와도 혼인하였는데 척존공주가 혼인할 때 티베트로 가지고 온 석가모니 팔 세 등신불상等身佛像인 부동금강불상不動金剛佛像이 현재 대소사大昭寺에 보존되어 있습니다. 대소사는 왕국의 상징이며 티베트어로 '신성한 땅'을 뜻합니다. 한편 문성공주가 가지고 온 석가모니 십이 세 등신불상인 각와불상覺臥佛像은 소소사小昭寺에 보존되어 있고 이후 당 나라의 금성金城 공주가 티베트로 온 시기에 각와불상은 대소사로 옮기고 부동금강불상은 소소사로 이전하였습니다.

20세기 초 서양의 탐험가들이 티베트의 나사로 들어가기 시작했으며, 당시 나사는 티베트 불교의 중심지로 인구의 약 50%가 승려였습니다. 1951년의 통계에 근거하면 나사의 인구는 약 5천 명이며,

이 밖에도 사찰에 살고 있는 약 1만5천 명의 승려들이 있었습니다. 당시 중국공산당이 티베트를 점령한 이래 많은 수의 티베트인들은 1959년 14세였던 달라이라마를 따라 인도로 망명하였습니다.

상해上海

상해는 장강하구인 장강이 바다로 들어가는 지점에 위치하는 도시로 북경이 정치의 중심지라면, 상해는 경제의 중심지입니다. 2,000년 전의 중국을 만나려면 서한에 가고, 1,000년 전의 중국을 만나려면 북경에 가고, 현재의 중국을 만나려면 상해에 가보라는 말이 있습니다.

1840년 아편전쟁이 끝난 후 1842년 체결한 남경조약南京條約에 의해 개방된 다섯 개 항구 중의 하나가 상해이며, 영국이 상해에서 치외법권 지역인 영국의 조계지를 설립하는 것 또한 체결되었습니다. 개방 후의 근대 상해는 아시아에서 가장 번영된 하구와 경제금융의 중심지가 되었고, 근대 아시아에서는 유일하게 국제화된 도시였습니다. 당시 상해시내에는 영국과 미국의 공동 조계지와 프랑스의 조계지가 있어 당시 상해의 조계지는 완전히 독립된 행정권과 사법권을 향유하는 국제적 지위를 가지고 있었고, 상해는 전쟁에 그다지 영향을 받지 않은 채 근대의 번영을 주도하였습니다. 그러나 태평양전쟁 발발 후 일본군이 영국과 미국의 조계지를 한때 점령하기도 하였고 부분적으로는 일본군 방위구역에 속하여 다소의 피해는 피할 수 없었습니다.

1928년 중화민국 정부는 상해 조계지 외의 지역에 상해 특별시를 설치하였고 중화민국행정원의 관할 하에 두었습니다. 1945년 일본이 무조건 항복하고 2차 세계대전이 끝난 후 미, 영, 중 3국이 공동발표한 개나선언開羅宣言(카이로 회담)에 따라 상해는 중화민국이 인수하게 되었습니다. 1946년 중화민국과 중공군은 국공내전을 일으켜 1949년 무장세력인 중국인민해방군이 중화민국정부군을 패퇴시키고 상해를 점령하였습니다.

1980년대 중국 개혁개방 후, 상해는 중국대륙의 경제중심지로서 1990년대를 거치면서 중국에서 가장 중요한 경제금융과 무역의 중심지가 되었으며 1993년 상해 내 지역인 포동의 개발과 개방은 도시발전에 가속화가 되었습니다.

1933년의 상해

상해시는 현재 중국에서 가장 빠르게 발전하고 있는 도시로 많은 경제적 부를 축적하고 있습니다. 2005년 말 상해는 이미 세계적인 항구로서 황포강黃浦江을 중심으로 포동浦東와 포서浦西, 두 부분으로 구분되었습니다. 포동신구는 1993년 새롭게 개발된 구역으로 상해포동국제공항은 1997년 10월 착공되어 1999년 9월에 개방되었습니다.

포동국제공항과 상해지하철을 연결하는 철도는 세계 최초의 상업용 Maglev Train(자기부상열차)입니다.

상해의 문화는 '해파문화海派文化'라고도 부르는데 이는 중국 강남의 전통문화, 즉 오吳 문화의 토대 위에 개방 이후 전입된 구미문화가 융합되어 점차 새롭게 모양이 갖추어진 것입니다.

천주泉州

천주는 고대 '해상 실크로드'의 출발점으로 많은 중국화교들의 고향이며 많은 대만인의 고향이기도 합니다. 해외 중국화교들은 주로 동남아 각국에 집중이 되었고 특히 천주 출신 화교들은 620여 만에 달합니다. 가장 큰 섬은 금문도金門島로 유명한 금문 고량주高粱酒의 원산지입니다.

기원전 684년 당 나라 시대에 건설되어 기원전 711년 '천주'라는 이름을 갖추게 되었고 송 대와 원 대의 천주는 '동방제일대항東方第一大港' (동양 최대의 항구)으로서 상당히 번성하였습니다. 중국의 실크, 도자기, 차茶 등이 주요 수출품이었는데, 마르코폴로는 <동방견문록東方見聞錄>에서 천주를 '동방의 베니스'라고 극찬하였습니다.

국공내전 기간에 많은 천주 사람들이 홍콩과 남양으로 이주하여 현재 해외 중국교포 중에는 천주사람들의 수가 상당합니다.

1977년 중국이 개혁개방을 시작하면서부터 천주는 연해 개방도시로서 급속적인 발전을 거듭하고 있습니다.

≪동방견문록東方見聞錄≫ 마르코 폴로는 1275년에 서아시아 · 중앙아시아를 거쳐 원나라의 상도上都에 이르러 쿠빌라이(세조)에게 관직을 받은 이후 여러 해를 지내면서 중국 각지를 여행하고, 1290년에 한국汗國 국왕에게 시집가는 왕녀 코카친을 수행하라는 명을 받고 해로海路로 페르시아만灣의 호르무즈섬에 도착한 다음 1295년에 베네치아로 귀국하였습니다. 귀국 후 베네치아와 제노바의 전쟁에 참가했다가 포로가 되었는데, 1298~1299년에 제노바 감옥에서 루스티첼로에게 자기의 동방여행 경험을 구술口述하여 필기하도록 하여 책으로 만든 것이 《동방견문록》 입니다.

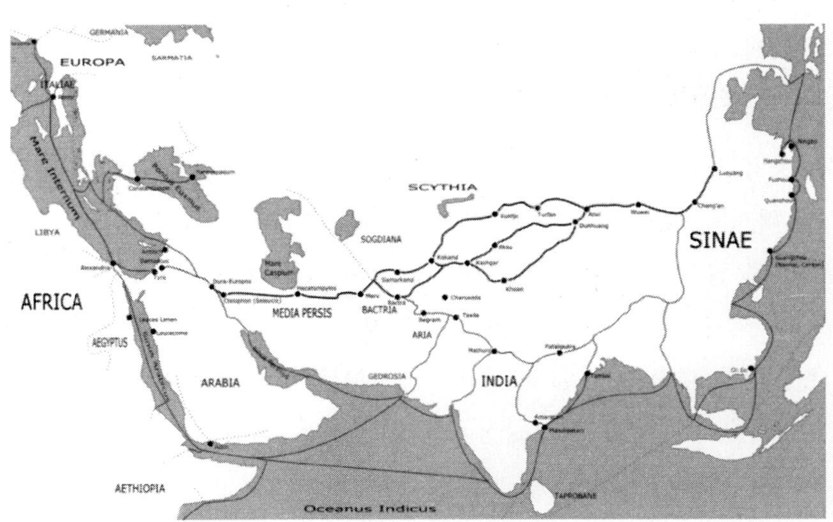

비단길(실크로드, Silk Road) 및 바다의 실크로드(The Silk Voyage)

평요고성平遙古城

평요고성은 1997년 UNESCO 세계문화유산에 지정된 유적지로, 청나라 말기 중국금융의 중심지이기도 하였고 가장 완벽한 고성구조를 보존하고 있습니다. 춘추시대에는 진晉 나라에 속하였고 전국시대에는 조趙 나라에 속하였다가 북위北魏 때에 이르러서 평요로 이름을 바꾸었습니다. 청대 말기 평요에는 표호票號(오늘날의 은행)가 20여 호 있어 당시에는 그 수가 전국의 반을 차지하여, 당시 '중국의 Wall Street'라 부를 정도로 금융시장이 발달하였습니다.

평요고성은 명대 홍무洪武 3년에 건설되었습니다. 고성의 구조는 팔괘八卦의 방위에 의거하여 명청시대 도시 설계의 기법을 반영하였습니다. 현재 고성 내외에는 많은 유적지가 있으며 고대 건축물은 300 여 개, 명청시대의 민가도 약 4,000호가 있어 중국고대도시를 연구할 때 살아있는 견본이라 할 수 있습니다.

경덕진景德鎭

중국 경덕진은 도자기 마을로 유명하여 중국 도자기를 논할 때 절대 빠지지 않는 곳이 바로 경덕진입니다. 경덕진은 동한시대부터 도자기를 굽기 시작했으며 당나라 말기 5대에 이르러 가장 성행하였고 이후 국가 황실의 가마터가 되어 황제의 감상용 도자기를 구워내곤 했습니다. 경덕진은 송대의 경덕연간(11세기)에 시진市鎭(비교적 작은 도시)이 설치되었고, 중국 4대진四大鎭의 하나로 알려져 있습니다.

부근에 도토陶土(도자기용 흙)가 많아 한漢대부터 도자기를 굽기 시작하여 남조南朝의 진陳 대부터는 도자기를 본격적으로 생산하였고 송대에 생긴 경덕진요景德鎭窯에서 나오는 도자기는 공품貢品으로 유명하였습니다. 명대의 선덕년간에 어요御窯(왕실용 가마)가 건조되면서 도자기의 생산이 활발해졌는데, 주로 생활용품, 미술제품과 건축용품으로 유명하며 경덕진의 도자기는 과거 조선 청화백자에도 영향을 끼쳤습니다.

경덕진은 크게 경덕진 도자기 박물관과 가마터로 나뉩니다. 그 중에서 가마터 부분은 마치 한국 민속촌과 같이, 각 부문의 도공들이 직접 도자기를 제작하여 관광객이 직접 눈으로 보고 이해할 수 있게 되어 있습니다.

성도成都

중국 사천성四川省 성도成都평원 중앙에 위치하고 있으며 사천성의 행정, 경제, 교통, 문화의 중심지입니다.

전국시대부터 있어온 도시로, 춘추전국시대에는 촉蜀 나라의 수도였다가 진秦, 전한前漢 때는 촉군蜀郡이 관할하는 성도현成都縣이 설치되었고, 삼국시대 때 유비는 촉蜀 나라와 한漢 나라를 통일하고 이곳에 수도를 세웠습니다.

삼국시대 성도는 촉한蜀漢의 중심지로서 번영하였으며 당唐의 현종玄宗은 안사의 난 때 이곳으로 임시 피신하였습니다. 수당隋唐시대 때는 장안(서안), 양주揚州, 돈황敦煌과 같이 4대 도시로 널리 알려졌습니다.

군사적으로도 매우 중요시되어 청나라 때에는 사천 총독 및 성도장군을 이곳에 두었습니다. 부근에는 사적이 많아 그 중에서도 제갈량을 모시는 무후사武侯祠를 비롯하여 두보초당杜甫草堂, 망강루望江樓, 대족석각大足石刻 등이 있습니다.

13. 중국의 세계문화유산

13.1 세계문화유산

중화인민공화국은 1985년11월22일 ≪세계문화보호와 자연유산보호협정≫을 체결한 이래 2005년까지 유네스코(UNESCO)의 심사를 거쳐 ≪세계문화유산≫에 자연유산 4건, 문화유산 22건, 이중유산 4건, 문화경관유산 1건을 포함하여 모두 31항목이 등록되어 있습니다. 중국의 세계문화유산은 이탈리아 40건, 스페인 38건, 독일과 더불어 세계 3위를 자랑합니다. 유네스코(UNESCO)는 United Nations educational cultural and scientific organization의 줄임 말로, 전 세계의 교육과 사회적, 환경문화적 요소에 도움을 주고 지지해주는 기관으로 UN의 명령하에 움직이는 기구입니다. 유네스코는 6년 단위로 유네스코 중기계획을 세워 광범위한 분야의 사업들을 효율적으로 수행해 왔습니다. 제6차 중기계획(2002년~2007년)은 기초교육 강화, 수자원 확보, 과학기술 윤리수립, 문화 다양성 증진, 평등한 정보 및 지식 이용권 보장이라는 다섯 개의 활동분야로 나누고 있습니다. 유네스코 주요 사업목적은 '평화'와 '발전'이라는 유엔 체제의 공동목표를 이루는데 기여하는 것을 목적으로 삼고 있습니다. 현재 중국은 세계문화유산을 체계적으로 정비한 나라 중의 하나이며 세계문화유산과 자연이중유산이 가장 많은 국가로 그 중에서도 수도 북경에 보존되어 있는 세계문화유산은 6건으로 세계문화유산이 가장 많은 도시라 할 수 있습니다.

만리장성萬里長城

현재 장성이라 하면 일반적으로 중국 명나라 때의 장성을 가리키는 것이며 동쪽은 압록강鴨綠江변 호산虎山 장성에서 시작하여, 서쪽 가유관嘉峪關까지 총 길이 7,300여km입니다. 이 길을 중국의 옛날 방식으로 계산하면 약 14.60화리華里로 그 길이가 만리나 되어 '만리장성'이라고도 부릅니다. 만리장성은 세계 인조건축물 중 길이, 면적, 무게의 최고기록을 보유하고 있어 1987년 UNESCO는 만리장성을 세계문화유산으로 지정하였습니다. 만리장성의 평균 높이는 6~7m이고, 폭은 4~5m로 중국 고대에 건설한 방대한 군사방어시설물이며 동시에 세계 유일의 거대구조물(Megastructure)입니다. 만리장성 분기선으로 북쪽은 흔히 '새외塞外' 혹 '관외關外'라고 부르며 남쪽으로는 '관내關內'라고 부릅니다.

중국의 장성은 춘추전국시대부터 건축하기 시작하여 이미 2,000여 년의 역사를 거쳤고 그 중에서도 진秦, 한漢, 명明 시대에는 그 규모가 가장 컸습니다. 당나라 때에는 북방의 돌궐이 이미 쇄락하여 장성 건축이 불필요하였고, 송대에는 거란족에 의해 연운십육주燕雲十六州를 잃어 장성의 보수와 건설의 필요성이 없어지게 되었습니다. 원나라가 들어서면서 장성을 부분적으로만 보수공사를 하여 그 때의 장성은 다만 검문과 역의 기능만 수행하였습니다. 청대에는 원나라 때와 같이 장성을 재건축 하지 않고 보수공사만 하였으며 군사상의 의미가 사라져 주로 전시용으로만 보전되었습니다. 만리장성의 건축법은 자연지형을 따라 가장 적절한 방어위치에서 그 지역의 건축 재료를 이용하여 건설하였습니다. 만리장성의 건축과 보수공사는 약 2,000년 동안 각 시대의 생산력과 기술수준에 따라 지속적으로 이어졌으며 각 정권의 군사전략에 대한 관심도에 따라 역대 장성의 구조와 건축법은 각기 상이한 면이 있습니다. 고대중국의 군사적 의미와는 별도로 근대 이래 장성의 문화적 의미는 더욱 커졌습니다. 방용房龍의 1937년 출판된 ≪지구의 고사≫ 속에 중국의 장성은 달 표면에서 볼 수 있는 유일한 건축물일 수도 있다고 하였습니다.

진시황릉秦始皇陵과 병마용兵馬俑

진시황릉과 병마용은 1987년 세계문화유산으로 지정된 중국의 대표적인 고대 유물입니다. 진시황릉은 기원전 246년에 시작하여 39년이라는 공사기간을 거쳐 208년에 완공된 중국 최초의 황제 진시황의 능이며 '여산酈山'이라고도 부릅니다. 진시황릉의 깊이가 어느 정도 되는지 학계에는 많은 이견들이 있으며 진시황릉의 주변에 있는 병마용은 진시황릉의 일부분으로 현재까지도 이 건축물의 핵심부분은 아직 발견되지 않았습니다. ≪사기 진시황본기≫에 따르면 당시 진시황릉 건축공사에 동원된 사람들은 약 70만 명이며 지하 3층 정도를 파 내려가 궁전을 건설하였습니다. 뿐만 아니라 문무백관과 희귀한 보물, 하천과 바다도 기기를 이용하여 만들었으며 천장에는 천문도가, 바닥에는 지도가 그려져 있었습니다. 그리고 공사의 비밀을 지키기 위해 공사에 참여했던 장인들은 모두 지하에 강제 밀봉 되었습니다.

진시황릉이 완공되지 않은 상태에서 중간에 농민봉기가 일어나 공사가 중단되었습니다. 항우項羽가 전쟁에 승리한 후 30만 병사들을 동원하여 진시황릉을 팠다는 기록도 있지만 아직까지 대규모 파괴 흔적은 발견되지 않았습니다.

자금성紫禁城

자금성紫禁城은 옛 이름이고 현재는 북경 고궁故宮이라 부릅니다. 북경시의 중심에 위치하여 명·청 시대에 걸쳐 24명의 황제가 기거했던 궁전으로 전체 면적은 72만㎢이며 건축 면적은 15만㎢에 달합니다. 명성조明成祖 주태朱棣 영락永樂 4년(1406년) 원나라의 황궁이었던 대도大都의 토대 위에 건설되기 시작하여 영락 18년(1420년)에 완공되었습니다. 명나라 초기 자금성 내에는 건물이 1,630채가 있었고, 청나라 건륭제 시기에는 1,800채까지 늘어났으며, 현재는 1,500채가 보존되어 있습니다.

승덕피서산장承德避暑山莊

중국 청나라 때의 이궁離宮(별궁)인 열하행궁熱河行宮의 유적입니다. 현재 중국에서 규모가 가장 큰 궁궐동산으로서, 강남지방의 명승지를 본 따 수려한 자연경치를 인공적으로 만들어 놓았습니다. 청나라 강희제康熙帝가 1702년에 착공하였고 뒤를 이어서 건륭제乾隆帝가 1790년에 완공하였습니다. 청대 초기에 많은 중요한 정치, 군사, 민족과 외교 등의 국가대사는 모두 이곳에서 처리하였습니다. 피서산장은 북경을 제외한 제 2의 정치중심지로 외국사절과 소수민족 등의 대표자를 접견하는 장소이며 민족관계를 조정, 처리하는 장소로서 소수민족을 위로하고 단결시키는 중요한 위치를 차지하고 있습니다.

승덕피서산장과 주변의 건축물들은 건축예술은 물론 정치, 경제상에도 광범위한 의미를 지니고 있는 까닭에 세계문화유산으로 지정되는 중요한 요인을 내포하고 있습니다.

막고굴莫高窟(돈황석굴)

막고굴은 속칭 '천불동千佛洞'이라고도 부르는데 하서주랑河西走廊 서쪽에 있는 돈황敦煌에 위치하며 '사막의 고지'라는 뜻이 있습니다. 5대16국 시기에 건설이 시작되어 16개 왕국을 거쳐 거대한 규모로 만들어졌습니다. 현재 동굴은 753개이며, 벽화는 4.5만㎢, 조각은 2,415개가 있어 현재 세계적으로 규모가 가장 크고 내용면에서도 풍부한 불교예술작품이 있는 곳으로 유명합니다.

장경동의 발견

근대 이후 발견된 장경동藏經洞은 5만 여 건의 고대문물들이 발굴되면서 장경동의 돈황 예술을 중심으로 하는 전문연구분야도 생겼습니다. 그러나 막고굴은 근대 이후 많은 인위적인 이유로 손상을 입었고 수많은 문물들도 차츰 사라졌습니다. 이 심각한 현실에 대응하기 위해 1961년부터 정책적으로 중국의 첫 번째 중요 문물로 지정하였고, 1987년 세계문화유산으로 지정되는 요건을 만드는 등 적극적 문물보호 정책을 수립하게 되었습니다.

당대 ≪이극양중수막고굴불간비 李克讓重修莫高窟佛龕碑≫에 근거하면 기원전 366년 승려 낙존樂僔이 이 지역 근처의 산을 지나다 돌연히 금빛 찬란한 만불萬佛이 나타나는 듯 보여 암벽에 첫 번째 동굴을 파기 시작한 이후 연이어 많은 승려들이 여기에 동굴을 파고 수행하였다고 합니다. 북위北魏, 서위西魏, 북주北周 시대의 통치자들은 불교를 신봉하였기에 석굴건설은 왕족들의 지지를 받아 더욱 빠르게 발전하게 되었습니다. 수당隋唐 시대 실크로드의 번영을 따라 막고굴 또한 그 영향을 받으면서 측천무후則天武后 시대에는 동굴이 천 여 개에 달하였습니다.

안사의 난 이후 돈황은 역사의 전후로 토번吐蕃과 귀의군歸義軍에 의해 점령 되기도 하였지만 석굴의 건설에는 큰 영향을 주지 못했습니다. 북송北宋, 서하西夏, 원대元代에는 막고굴이 서서히 해를 입기 시작하자 새로운 건설 없이 단지 부분적인 보수공사만 하였습니다. 그러다가 원대 이후 실크로드가 쇠퇴하면서부터 막고굴에 대한 사람들의 관심이 희미해지다 다시 청나라 강희제 때부터는 사람들의 관심이 다시 살아나기 시작했습니다. 막고굴은 근대에 와서는 일반적으로 '천불동千佛洞'이라 부르기도 합니다.

막고굴은 불교회화, 조각들이 건축과 함께 융화되어, 벽화를 위주로 하는 대형 석굴사石窟寺라 할 수 있습니다. 막고굴의 벽화는 시대에 따라 예술적 특징이 다르며 불교예술이 중국으로 전래 된 역사도 알 수 있습니다.

1900년 막고굴에 살고 있었던 도사 왕원록王圓籙은 동굴 보수공사를 하려고 하다 우연히 비밀 동굴을 발견하였습니다. 이 동굴 안에는 기원전 4세기부터 11세기까지, 즉 16국부터 북송까지의 역사문서와 회화, 자수 등의 문물 5만 여 건이 있었는데 이것이 바로 유명한 장경동藏經洞입니다. 장경동에서 출토된 문서를 연구한 바에 의하면 이 동굴은 늦어도 11세기에 막고굴의 승려들이 당시 서하西夏 군대에 의한 문물의 파괴를 피하기 위해 굴을 봉쇄한 것으로 추정됩니다. 막고굴 장경동의 발견은 중국 고고학 사상 대단히 중요한 발견이며 많은 저서와 불경, 회화 등의 문물들을 통해 중국과 중앙아시아 지역 역사를 연구하는 중요한 자료라 할 수 있습니다.

1900년 도사 왕원록이 장경동을 발견하였습니다.

프랑스 한학자, 탐험가 Paul Pelliot가 장경동 안의 문서를 고르고 있는 모습

돈황학

이런 이유로 돈황의 장경동 문서와 석굴예술을 연구하는 학문인 '돈황학敦煌學'이 형성되기도 하였습니다. 1907년 영국 고고학자 Marc Aurel Stein은 중앙아시아 고고학을 연구하기 위한 여행 도중 돈황으로 들어가 왕원록을 찾아 보수공사에 도움을 준다고 하며 당시의 화폐단위인 200냥을 주고 석굴 내의 많은 귀중한 문물들을 영국으로 실어갔으며 1914년 다시 돈황에 방문하여 재차 왕원록에게 500냥을 주고 남아있는 많은 문물들을 실어갔습니다. 이 많은 문물들은 현재 대부분 영국의 대영박물관에 소장하고 있고, 일부는 인도박물관에 전시되어 있습니다. 대영박물관은 돈황문물을 가장 많이 소장하는 곳이지만 근대 이후 관리의 소홀로 유실된 것도 많아 많은 지적을 받아왔습니다.

1908년에는 한학漢學에 정통한 프랑스 고고학자 Paul Pelliot는 막고굴 장경동의 소식을 듣고 현장으로 가서 3주 동안 1만 여 건의 가장 중요한 돈황문서를 골라 프랑스국립도서관으로 가져갔습니다.

1090년 Paul Pelliot가 돈황에서 발굴된 몇 권의 진본珍本들을 학계에 공개하며 관심을 불러일으키자 청나라 정부는 외세에 의한 더 이상의 유실을 방지하기 위해 장경동의 문헌들을 경사로 옮기라고 지시하였습니다. 옮기는 도중 많은 자료들을 상실하기도 하였고 결국 1900년 발견된 5만 여 건의 문헌들 중 남은 것은 8,758건으로 경사도서관에 소장하다 현재는 남아있는 문헌 전부를 중국국가도서관에 보관하고 있습니다.

대영박물관에 소장하고 있는 장경동 문헌의 하나인 《금강경》

운강석굴雲岡石窟

중국 5, 6세기 불교예술을 대표하며 252개의 동굴과 1,000여 개의 부처 조각품들이 있습니다. 기원전 453년 북위 2년에 건설을 시작으로 500년 역사를 거친 중국 3대 석굴들 중의 하나입니다. 오늘날 이미 1,500년의 유구한 역사를 갖고 있는 장엄한 부처 조각상의 형상들이 생생하게 남아있으며 현재까지도 중국의 고대역사, 조각, 건축, 음악, 그리고 종교 신앙 등 많은 학문을 연구하는 중요한 자료가 됩니다.

13.2 세계자연유산

구채구九寨溝

구채구는 중국 사천성 장족壯族 강족羌族 자치주 백용강白龍江 지류인 백수강白水江 유역에 자리잡고 있습니다. 그 지역에는 아홉 개의 장족 마을이 있어서 이름을 '구채구'라 부릅니다.

구채구의 해발은 2,000~3,000m로 이어지며 세계에서 가장 높은 석회암지형으로 이루어져 있고 아름다운 경치와 연중 상쾌한 기후로써 많은 관광객들을 끌어들이는 유명 관광명소 중의 하나입니다. 1992년 세계자연유산으로 지정되었고 1997년 '세계 사람과 생물권 보호구역'으로 지정되는 등 관광명승지로 각광받고 있습니다.

황산黃山

황산은 화강암花崗岩으로 구성된 높이 1,864m, 총 72개의 산봉우리가 솟아있는 산악입니다. 1982년 중국 명승지에 지정되었고, 1986년 중국 10대 명승지로 선정된 유일한 산악명승지로 1990년 UNESCO의 '세계자연 및 문화이중유산'에 속하게 되었습니다.

고대 중국 민간에 '오악에 다녀오면 산을 보지 않게 되고, 황산에 다녀오면 산도 보이지 않는다' 할 정도로 중국 제일의 아름다운 기산奇山이라 말하고 있습니다.

황산은 다른 산과 비교할 수 없는 네 가지 요소가 있는데, 즉 기송奇松, 괴석怪石, 운해雲海, 온천溫泉입니다. 기송은 독특한 소나무를 가리키는데 황산에서 유명한 소나무는 백 가지에 달하며 가장 유명한 것은 '황산 10대 명송'이라 칭합니다. 괴석은 대자연이 만든 것이며 사람 모양, 짐승의 모양 등 여러 가지 각양각색으로 이루어진 자연의 작품들입니다. 일반적으로 높은 산에 올라가면 운해, 즉 구름바다를 볼 수 있지만 황산에서는 기송과 괴석이 구름 속 사이로 간혹 나타나기 때문에 경치가 더욱 특이하고 아름답습니다. 또한 일 년 내내 늘 섭씨 42도를 유지하는 온천이 있어 치료기능뿐만 아니라 직접 마실 수도 있는 청정지역입니다.

오악五嶽 중국 전국시대 이후 오행사상五行思想의 영향을 받아 다섯 가지 명산을 뜻하는 '오악'의 관념이 생겼습니다. 전설에 따르면 천지개벽의 시조인 반고盤古가 죽은 후 머리와 손과 다리는 오악으로 변화되었다고 전해집니다. 오악은 중국에서 가장 높은 산은 아니지만 평원이나 분지 위로 우뚝 솟아 있기 때문에 옛 사람들의 눈에는 특이하게 험준해 보인 산이기도 합니다. 게다가 많은 명인과 선비, 기인들이 찾아가서 제사를 지내고 수행의 흔적으로 많은 유적을 남기기도 해 오악의 명성은 멀리까지 퍼져 나갔습니다. 오악은 최초로 《주례周禮》 에 나타났으며 "피로 제사 지내는 혈제를 오악에서 거행했다."는 기록이 있습니다. 《예기禮記》 에서도 "천자가 천하의 명산과 대천에서 제사를 지냈다"는 기록이 있습니다. 도교가 발생한 후 오악과 관련된 신화 가운데 오악은 신선이 거주하는 곳이라고도 합니다. 오악은 오행에서 대표하는 방위와 색깔, 예를 들면 목木은 동쪽과 청색이고, 화火는 남쪽과 적색이고, 금金은 서쪽과 흰색이고, 수水는 북쪽과 흑색이고, 토土는 중앙과 황색을 대표합니다. 이리하여 동악은 태산이며, 서악은 화산이고, 중악은 숭산이며, 북악은 항산이고, 남악은 형산입니다. 최초로 오악의 동악에 올라가 대규모의 봉선의식을 거행한 자는 진시황이고, 한 무제도 몇 번 태산에 올라가 봉선의식을 하였습니다. 중국 역대 총 72명의 황제가 태산에서 봉선하였습니다.

참 고 문 헌

邹逸麟 ≪中国历史地理概述≫, 上海: 上海教育出版社, 2005,

顾颉刚, 史念海, ≪中国疆域沿革史≫, 上海: 商务印书馆, 1938.

谭其骧, ≪简明中国历史地图集≫, 北京: 中国地图出版社, 1991.

张植荣, ≪中国边疆与民族问题·当代中国的挑战及其历史由来≫, 北京: 北京大学出版社 2005年.

孫宏開, ≪中國空白語言的調查研究－－附錄：中國各少數民族使用語言情況≫, 香港: 香港城市大學出版社出版, 1999年.

周振鶴, 游汝杰, ≪方言與中國文化≫, 上海：上海人民出版社, 1986.

陆羽, ≪茶经≫－解读与点校, 程启坤, 杨招棣 姚国坤, 上海:上海文艺出版社, 2003.

(法)伯希和等著 耿昇译, ≪伯希和西域探险记≫, 云南: 云南人民出版社, 2001.

柳詒徵, ≪中國文化史≫, 东方出版中心, 1926.

陳登原, ≪中國文化史≫, 1935 (上), 1937 (下), 辽宁: 辽宁教育出版社.

錢穆, ≪中國文化史导论≫, 上海: 商务印书馆, 1948.

李允鉌, ≪華夏意匠≫, 香港: 廣角鏡, 1982.

梁思成, ≪中國建築史≫, 台北: 明文出版社, 1986.

劉敦楨, ≪中國古代建築史≫, 台北: 明文出版社, 1982.

籍秀琴, ≪姓氏·名字·称谓≫, 中国历史文化知识丛书, 台北: 大象出版社, 1997.

高級中學地理教科書, 第三册, 國立編譯館, 1985年初版.

邬宏, ≪中国世界遗产全记录≫, 湖南: 湖南人民出版社, 2004.

钱穆, ≪世界局势与中国文化≫, 台北: 东大图书公司, 1977.

許慎撰, 段玉裁注,≪说文解字注≫, 上海古籍出版社, 1988年.

關劍平,《茶與中國文化》, 北京: 人民出版社, 2001.
韓鑒堂,《中國文化》, 北京: 北京語言文化大學出版社, 1999.
劉軍茹,《中國飮食》, 北京: 五洲傳播出版社, 2004.
唐魯孫,《中國吃的故事》, 天津: 百花文藝出版社, 2003.
王建輝,《中國文化知識精華》, 湖北: 湖北人民出版社, 1991.
王順洪,《中國槪況》, 北京: 北京大學出版社, 1998.

참고 사이트:
http://www.pupk.com/geo/zt1/data/3889.htm 中国地理科普网, 中国地理简介
http://2006.chinataiwan.org/web/webportal/W5268003/Uliuc/A136108.html 台湾网, 中国地理概况
http://www.chinaqw.com.cn/node2/node116/node124/node186/userobject6ai11670.html 中国侨网, 中国地理概况
http://www.dlpd.com/Article/ShowArticle.asp?ArticleID=245 地理科普网, 中国的河流与湖泊概述
http://news.xinhuanet.com/newscenter/2005-04/15/content_2834893_2.htm新华网, 《2004年中国国土资源公报》.
http://news.xinhuanet.com/ziliao/2003-01/19/content_696029_2.htm新华网, 《中国的国土与资源》 介绍.
http://www.cctv.com/history/special/C11141/01/index.shtml CCTV, 历史朝代
http://www.de-han.org/ 脫漢運動
http://www.wikilib.com/wiki/ 中文維基
http://100.naver.com/ 네이버 백과사전
http://ko.wikipedia.org/wiki/ 위키백과

중화문화 스케치

초판인쇄 2009년 2월 23일
초판발행 2009년 2월 26일
3쇄발행 2010년 9월 7일

지 은 이 주숙하

펴 낸 이 김대근

펴 낸 곳 숭실대학교 출판부
서울 동작구 상도동 511

등 록 제14-2호(1982.1.25)
TEL.02-820-0771~2
FAX.02-817-5297
http://press.ssu.ac.kr

찍 은 곳 한컴인쇄정보
TEL.02-2274-3394~5
FAX.02-2274-3397

값 10,000원

ISBN 978-89-7450-240-9 03820